Silia Wiebe

Mut zur Lücke, liebe Eltern!

Silia Wiebe

Mut zur Lücke, liebe Eltern!

*Glück geht auch ohne Bio,
PEKiP und Häuschen mit Garten*

Kösel

Der Verlag weist ausdrücklich darauf hin, dass im Text enthaltene externe Links vom Verlag nur bis zum Zeitpunkt der Buchveröffentlichung eingesehen werden konnten. Auf spätere Veränderungen hat der Verlag keinerlei Einfluss. Eine Haftung des Verlags ist stets ausgeschlossen.

MIX
Papier aus verantwortungsvollen Quellen
FSC® C014889
www.fsc.org

Verlagsgruppe Random House FSC-DEU-001967

Copyright © 2015 Kösel-Verlag, München,
in der Verlagsgruppe Random House GmbH
Umschlag: Weiß Werkstatt, München
Umschlagmotiv und Illustrationen im Innenteil: Claudia Meitert
Druck und Bindung: Friedrich Pustet GmbH & Co. KG, Regensburg
Printed in Germany
ISBN 978-3-466-31055-5
www.koesel.de

Dieses Buch ist auch als E-Book erhältlich.

Inhalt

Einleitung

Wir basteln bis in die Nacht künstlerisch wertvolle Schultüten, aus denen Barbies oder Krümelmonster blinzeln und die uns auf jeder Kreativmesse den ersten Preis gesichert hätten. Wir kugeln uns nach Feierabend miauend und rollenspielend über den Teppich für ein kleines Lächeln von unseren Lieblingen. Wir fahren mit den Kindern bis ans Ende der Stadt, um sie auf renitente Ponys zu setzen, obwohl wir uns anschließend tagelang Antihistamine einwerfen müssen. Wir streichen behutsam das Salz von den Pommes unserer Kleinen, um ihre Nieren zu schonen. Und anders als frühere Elterngenerationen verteilen wir weder Ohrfeigen noch Hausarrest, wenn der Teddy eine rote Nagellack-Nase bekommen hat und die Kinderzimmerfenster mit tausend und einem Cars-Aufkleber verdunkelt wurden. Wir schleppen uns zu langweiligen Impf-Infoabenden und lesen abends im Bett den Erziehungsguru Jesper Juul und nicht die GALA, um pädagogisch auf der richtigen Seite zu sein. Wir schlagen uns tapfer mit unseren Chefs herum im Kampf um flexible Arbeitszeiten, Teilzeit oder Homeoffice, damit unsere Kinder ihre ständigen Infekte in Ruhe zu Hause auskurieren können. Wir sieben Vollkornmehl in den Pfannkuchenteig, um die Kids nicht zu überfetten, und essen die Fertigpizza alleine auf.

Wir werfen uns auf dem Spielplatz in die Schlacht um ein Bobby Car, damit unser Kind nicht weinen muss, und nehmen in Kauf, dass fremde Mütter uns dafür hassen. Wir rennen in die Notaufnahme wegen Ausschlägen, Nasenbluten, zu flüssigem oder zu festem Kacki. Wir geben unser allerletztes Hemd für den Nachwuchs. Kein Weg ist uns zu weit, kein Klettergerüst zu hoch, kein Indoor-Spielplatz zu kreischig. Wir sind die optimiertesten Muttis und Papis ever. Ever. Ever.

Aber wundert es Sie da, dass sich 80 Prozent der Sechsunddreißig- bis Fünfundvierzigjährigen gestresst fühlen, wie eine Forsa-Studie der Techniker Krankenkasse von 2013 verrät? Vermutlich nicht. Wir fühlen uns aber nicht nur gestresst, wir schlittern gleich in waschechte Identitätskrisen, weil wir kurz mal brüllen mussten, nachdem unsere Söhne und Töchter zur besten Tatort-Zeit wieder aus dem Bett marschierten und mit einer unbedarften Bewegung unseren Rotwein auf den Teppich kippten. Wir kommen uns gleich richtig mies vor, wenn wir nach drei geduldig vorgelesenen Pixi-Büchern für den besseren Einschlafprozess keine Kraft mehr haben für das zeternd eingeforderte vierte Buch und die Kinderzimmertür enttäuscht oder wütend zuschnappen lassen. Wir sind zwar immer am Limit, aber selten mit uns zufrieden. Denn wir, also Sie und ich, gehören zu dieser unfassbar perfekten

Elternsorte mit den ultimativen Maximalansprüchen an sich selbst. Wir wollen Super-Mama und Mega-Daddy sein. Mindestens!

Wir würden unser Baby niemals brüllend im Gitterbett liegen lassen, nein, wir tragen es seufzend durch die Nacht. Egal, wie fertig wir sind. Wir quetschen auch noch das letzte bisschen Verständnis, Geduld und Liebe aus uns heraus. Selbst wenn uns die Kollegen den ganzen Vormittag zugequatscht haben, sagen wir am Abendbrottisch niemals: »Und beim Essen sind die Kinder mal still!« Weil wir das früher gemein von unserem Vater fanden. Dabei denken wir heimlich, dass diese Zwerge doch wirklich mal fünf Minuten die Luft anhalten könnten. Dieses ewige Gesabbel!

Die Familie ist unsere absolute Nummer 1

Unsere hohen Anforderungen an uns selbst werden durch den strengen Blick der Gesellschaft noch befeuert, die vor allem uns Frauen sofort den Rabenstempel aufdrückt, wenn wir unsere Kinder zu früh, zu lang, zu oft oder gar nicht in die Kita geben oder sie im Supermarkt einmal kurz anmotzen. Wir müssen alles irgendwie gebacken kriegen: die wunderbare Beziehung trotz Schreihals, die Sexgöttinnen-Nummer trotz Müdigkeit, das Lob vom Chef trotz Sehnsucht nach dem Baby, die

Sommerbikini-Figur trotz Lust auf Marshmallows und Rotwein. Selbstverständlich wollen wir nicht nur als Mamas ganz große klasse sein. Sondern auch aufmerksame Freundinnen und souveräne Ansprechpartner in Kita und Schule mit allzeit warmen Worten für Lehrer und Erzieher, obwohl die uns jede kleinste Verfehlung unserer Kinder haarklein reindrücken müssen. Meistens keifen wir nämlich nicht zurück: »Haben Sie keine anderen Probleme, Sie psychologisierende Wundertüte?« Nein, wir sagen mit sorgenvoller Miene: »Oh, das hat er getan? Tz tz, ich werde mit ihm reden, er muss sich natürlich entschuldigen!«

Es ist ziemlich einfach, uns Eltern zu verunsichern, weil wir uns selbst niemals gut genug finden. Wir werden mit den Jahren zur sprichwörtlichen Kerze, die von beiden Seiten brennt. Denn wir loben und beschenken unsere Kinder nach dem Prinzip positiver Verstärkung nach jedem Aua und Ibäh. Aber wann loben wir uns eigentlich mal selbst, während wir chronisch Höchstleistungen bringen? Haben wir Lob nicht verdient, weil wir noch ordentlicher, glücklicher und finanziell unabhängiger sein müssten? Weil nur der größte Aufwand das beste Ergebnis bringt? Touché! Es muss die selbst gebackene Piratenboot-Geburtstagstorte sein mit den fröhlichen, weltoffenen Fähnchen drauf. Darunter machen wir es nicht. Wir nicht!

Nein, es ist keine Überraschung: Gut 71 Prozent aller Mütter geben zu, dass für sie die Bedürfnisse der Familie über allem stehen, fand die Zeitschrift ELTERN in einer große Studie 2015 heraus. Selbstverständlich auch über den eigenen Bedürfnissen. Dabei könnten sie sich ruhig bei Omi und Opi abgucken, wie man sich professionell um sich selber kümmert. Statt sich für die Enkel aufzuopfern, schippert ein geschätzter Großteil der Sixty-Something-Pensionäre relaxt auf Kreuzfahrtschiffen vor Puerto Rico herum. Es sei ihnen gegönnt, sie haben das mit der Selbstfürsorge einfach schneller gecheckt als wir. Wir sitzen noch nachts am Computer und gleichen mit anderen Muttis im Onlineforum unsere Burn-Out-Anzeichen ab: »Hallo Alle, kennt ihr dieses Zucken im Augenlid und dass man seine Kinder wegen jedem Mist anbrüllt, weil man nicht mehr kann und schon morgens in sein Müsli heulen möchte?«

Dabei könnten wir uns doch mal Unterstützung erbitten und, ja, etwas Arbeit abgeben. Vielleicht hätte die Oma ja viel lieber mit unseren Kindern Memory gespielt und heuerte nur aus Langeweile auf der AIDA an. Vielleicht war sie sogar enttäuscht, dass sie noch nie gefragt wurde, ob sie mal babysitten, kochen oder Hausaufgaben betreuen würde.

Los, machen wir es uns leichter!

Laut einer Umfrage der Universität Bonn von 2012 sind die Mütter zufriedener, die im Alltag Abstriche machen und sich zum Beispiel zugestehen, bei der irren Doppelbelastung von Job und Kind zumindest das Putzen abzugeben oder bei anderen Haushaltsarbeiten Hilfe zu suchen. Warum denken wir, dass wir es alleine rocken müssen? Vielleicht weil wir uns heimlich mit Supermodels aus Promimagazinen vergleichen, die mit zwanzig Kindern, null Speckringen, Teenielover und permanentem Jetlag noch fröhlich in die Kamera piepsen. Sie mögen einen Tick weniger zerfranst und erschöpft aussehen als wir im Alltag, aber sie sind eben auch Granaten im Wegdelegieren von Arbeit. Stichworte: Kindermädchen, Chauffeur, Stylistin, Gärtner, Köchin. Sie pürieren den Babybrei garantiert nicht selber aus liebevoll ausgesuchten Biokartoffeln. Sie sind schlau, sie lassen sich helfen. Ein kluges Pferd springt nur so hoch, wie es muss.

»Niemand schafft alles, irgendetwas bleibt immer auf der Strecke«, sagt Frau Professor Dr. Una Röhr-Sendlmeier vom Institut für Psychologie an der Universität Bonn. »Die Frage ist eben, ob ein paar Staubflocken unter dem Sofa nicht leichter zu verkraften sind als permanente Unzufriedenheit.« Mit anderen Worten: Vergessen wir halt mal den Bioladen, der am anderen Ende des Stadtteils steht, und decken uns mit stinknormalen Tomaten, Gurken und Pizzen vom Supermarkt ein. Und ist es nicht herrlich, dass man sich das ganze Zeug inzwischen per Onlinebestellung ohne nennenswerte Zusatzkosten nach Hause liefern lassen kann? Sollten wir das Angebot nicht wahrnehmen, wenn es uns Arbeit abnimmt? Und das Ponyreiten, könnte das nicht mal die Patentante übernehmen? Und auch die Hausaufgabenbetreuung, die Fahrt zum Turnen und den Babymassagekurs? In der gewonnenen Zeit machen wir nicht etwa den Abwasch, sondern fläzen uns mit einem Schmöker auf das Sofa, schlafen eine Runde oder gönnen uns ein fettes Eis mit Sahne. Yeah!

Ganz ehrlich: Wann hatten Sie zum letzten Mal Zeit zum genüsslichen Zeitverschwenden? Atmen Sie mal tief durch, schalten Sie Ihr Handy aus, zerknüddeln Sie Ihre innere To-do-Liste, denn jetzt verrate ich Ihnen Ihr neues Mantra: Alles kann, nichts muss! Es geht auch eine Nummer kleiner. Wie wäre es, wenn Sie Ihre Kinder ab morgen nachmittags fünfzehn Minuten später aus der Kita holen und sich dafür eine kleine Mittagspause gönnen? Würde das nicht unfassbar guttun? Oder Sie stellen das Planschbecken in den Garten oder auf den Balkon, statt stundenlang in der Schwimmbadschlange anzustehen. *Wäre das für die Kinder wirklich ein Problem?*

Liebe Muttis und Papis, ich fasse zusammen: Sie sind aufmerksamer, geduldiger und lustiger als sämtliche Elterngenerationen vor Ihnen es waren. Sie können es sich erlauben, mal eine Pause einzulegen, und es ist normal, dass Sie Ihre geliebten Kinder auch mal anmeckern und die XXL-Messlatte, die Sie sich selber setzen, nicht täglich leichtfüßig überfliegen. Kinder brauchen keine lächelnden Vollautomaten als Eltern. Sie brauchen Menschen, die ihnen vorleben, dass die Welt groß, aber die Kraft oftmals nur klein ist. Dass man nicht überall top sein kann und dass auch Mütter ein

Recht auf eine Mittagspause haben und auf eine Nach-mittagspause und auf eine kleine Pause vor dem Ein-schlafen! Und trotzdem manchmal schlecht drauf sind.

Legen Sie doch mal die Füße hoch! Ignorieren Sie die kleine vom Mittagessen übrig gebliebene Erbse un-ter dem Esstisch und tun Sie einfach mal nichts. Abso-lut gar nichts. Es ist kolossal erholsam. Und wenn Sie noch ein paar Anregungen brauchen können, wie das Prinzip »weniger ist mehr« beim Thema Sex, Schla-fen, Essen, Reisen mit Kindern und so weiter funktio-niert, dann rücken Sie jetzt Ihr Kissen zurecht, holen sich vielleicht noch ein Stück Schokolade und lesen einfach weiter.

1

Mut zur Lücke ...
im Haushalt

Manchmal sind mir Chipsreste in unserer Sofaritze egal. Manchmal bin ich so müde, dass ich den Haustürschlüssel in der Tupperdose in den Kühlschrank packe und den Käse in den Schlüsselkasten hängen will. Was bedeuten schon ein paar Krümel, wenn man schlafen könnte?

Nach meinem Studium zog ich nach Hamburg in die WG einer Bekannten und lernte, dass man sich niemals mit Menschen zusammentun sollte, die ein anderes Sauberkeitsempfinden haben als man selber. Lieber eine Waldorfschülerin mit einem Browserspielentwickler kombinieren, als einen Messi und einen Pingel. Jule arbeitete als Krankenschwester. Kam sie von einer Nachtschicht nach Hause, stöpselte sie direkt den Staubsauger an. Sie rammte ihn über das Parkett, als wolle sie ihn in die Knie zwingen, und wischte in voller Fahrt auch gleich noch den Badezimmerboden. Um sieben Uhr morgens, das muss man sich mal vorstellen! Ich konnte da einfach nicht mithalten. Ich putzte nur, wenn es dreckig war. Unsere Wohngemeinschaft endete hässlich. Wir stritten über die Telefonrechnung, die Heizkosten, den Papiermüll und die Frage, ob Staubwischen unzeitgemäß und Nasswischen ohne anschließendes Trockenwischen parkettbodenschädigend ist oder nicht. Ich war für Heizen im Winter trotz Heizkosten, für Telefonieren bei Bedarf, für Zeitung lesen trotz Altpapierbergen unter dem Küchentisch und gegen Jules Wischmobbing. Bei ihr war es leider genau umgekehrt. Die Fronten verhärteten sich, weil uns Welten trennten. Putzwelten. Als ich nach einem Streit meinen Freund anrufen wollte, zog Jule den Stecker aus der Dose. »Hier wird nicht dauernd telefoniert«, schrie sie und das war das Ende unserer unglückseligen WG. Ich zog aus. Putztraumatisiert.

Und die Moral von der Geschichte? Wer sich mit einem Menschen paart, dem krümelfreie Ablagen, ein akkurat gemähter Rasen und ordentlich aufgereihte Handtücher im Bad richtig viel bedeuten, sollte ähnlich empfinden, sonst kracht's im Karton. Spätestens wenn Kinder kommen. Denn Kinder machen Dreck, das weiß jeder. Sie verstehen nicht, warum Mütter spätabends nach Playmobil-Perücken unter ihrem Bett tasten und Hosen waschen, die tags drauf wieder auf dem Matschrasen im Einsatz sind. Kinder fragen sich: Was ist so schlimm an einer kleinen Pipipfütze neben der Toilette? Als mein Sohn sein Kinderzimmerfenster heimlich mit rund 120 Cars-Aufklebern dekorierte und ich Wochen später die Reste abkratzte, tätschelte er mir tröstend den Rücken. Er sagte: »Kinder machen sowas, wenn sie sich langweilen. Das musst du verstehen!«

Weil Kinder sowas machen, sourcen viele Mütter den Geburtstag ihrer Sprösslinge out. Sie mieten für viel Geld einen Indoor-Spielplatz, ein Museum oder einen Platz in der Soccerhalle an, aus Angst vor dreckigen Gästemonstern, die Antons gut sortiertes Bücherregal, die Kuscheltierecke oder die Playmobilstadt in Unordnung bringen könnten. Und ich finde das okay. Wer keinen Bock auf Chaos hat, sollte sich den Stress ersparen. Ich kenne sogar Mütter, die Plastikblumen in ihre Vasen stellen aus Angst vor Blätterfall auf den Wohnzimmerboden. Geht auch, wenn's gefällt. Etwas übertrieben finde ich dann schon wieder die Panikaktion einer Nachbarin, die dem Kumpel ihres Sohnes Hausverbot erteilte, weil er im Garten über eine vereinzelte Tulpe gerannt war, die der in die Jahre gekommene Vermieter gerade liebevoll gepflanzt hatte. Bei dieser Frau treibt mich seit Jahren die Angst um, dass sie mich eines Tages nicht mehr einladen wird, weil ich Fingerabdrücke auf ihrem Gästehandtuch hinterlasse und braun-weiße Reste in der Kaffeetasse.

Ich bin aber auch ein Schmuddel! Nun wohne ich ausgerechnet in einer Hamburger Wohlfühlgegend, in der sich Akademiker in sanierten Altbauten über das Dimmlicht in ihren stylischen Badezimmern definieren und Kinder auf wunderbarem Rasengrün Fußball spielen, dabei Matsch hinterlassen und Garten-Fußball-Verbot bis zum Jahr 2025 bekommen. Da falle ich etwas aus dem Rahmen. Denn niedergetrampelte Grashalme finde ich nicht tragisch und dass wir ein Badezimmer-Dimmlicht haben, entdeckte ich erst nach zwei Jahren.

Weil ich leere Kaffeetassen auf meinem Schreibtisch vergesse und nach dem Mittagessen lieber mit einer Zeitung auf das Sofa verschwinde als den Abwasch zu machen, kann ich mir keinen Überraschungsbesuch leisten. Ich fühle mich sofort ertappt, wenn Menschen unangemeldet in unserem Wohnzimmer zwischen behängten Wäscheständern herumstehen und ich meinem Mann zuflüstern muss: »Schau mal bitte schnell, ob das Waschbecken okay aussieht!«

Neulich, ich lag gemütlich auf dem Sofa, da klingelte es an der Haustür. Ich sagte zu meinem Sohn: »Wir sind jetzt nicht da!« und legte mir das Kissen zurecht. Es klingelte erneut. Die Post, dachte ich genervt und schlurfte zur Gegensprechanlage. »Hallo, hier ist die Mama vom Jonas, der Jonas möchte mit Ole im Park spielen!« Ach, du Schreck! Den Jonas kannten wir erst seit Kurzem und seine Mama wusste noch nichts von meinem Horror vor Spontanbesuch. Ich warf einen panischen Blick in die Wohnung. Auf dem Esstisch stapelten sich Bücher, Zeitungen, die Mittagessenteller, eine leere Chop-Suey-Styropor-Packung von Mr. Dam und kleine Plastikschäfchen aus Oles Überraschungsei. Ansonsten: Krümel überall, CD-Hüllen mit den Jungs von den drei Fragezeichen drauf, der ungelesene Wirtschaftsteil der Zeitung daneben, ein selbst geknüpftes Armband, Stifte, der neue Scheißhaufen-Radiergummi von Ole und ein angefangenes Cars-Puzzle auf dem Parkett. Reinbitten war also keine Option. Für ein höfliches »Wir sind leider nicht da« war es zu spät. »Ich sage, dass du schon verabredet bist«, wisperte ich Ole zu. Aber Ole schüttelte den Kopf: »Das ist eine Lüge!« Ich schlüpfte seufzend in meine Stiefel und rief in die Gegensprechanlage: »Komme runter!«

Unten erklärte ich der Jonas-Mama, dass sich der Ole oben gerade Jacke und Schuhe anziehe. »Nette Idee mit dem Park«, log ich freundlich und presste die Zähne auf meine Anti-Knirsch-Spange. Dann machte es oben »bumm« und die Tür knallte zu. Mein Sohn hopste die Treppe herunter. »Hast du die Tür zugemacht?«, fragte ich tonlos. »Ja, hab ich gemacht«, antwortete Ole fröhlich. Ausgesperrt! Schlüsselbund, Handy, Jacke, Entspannung – oben hinter verschlossener Tür, unerreichbar für Stunden. Ich war vor Wut, die ich nicht zeigen durfte, wie erstarrt.

Fröstelnd trottete ich hinter Jonas, der Jonas-Mama und Ole Richtung Park. Kein Ersatzschlüssel nirgends, die Nachbarn weit weg und mein Mann noch Stunden im Dienst. Auf Mitleid brauchte ich abends trotzdem nicht zu hoffen. »Warum hast du die Jonas-Mama nicht einfach hochkommen lassen?«, fragte mein Liebster streng. »Na, wegen dem Chaos in unserer Bude. Weil wir zu unordentlich sind für fremde Akademikermütter, die einen Herzinfarkt kriegen, wenn sie sehen, wie es bei uns aussieht.« Mein Mann fand das albern. »Du nimmst zwei Stunden Kälte und Mutti-Smalltalk auf einer Parkbank in Kauf? Warum sagst du nicht einfach: ›Ja, so wohnen wir, die Putzfrau sparen wir uns, von dem Geld gehen wir lieber essen.‹

Und dann trinkt ihr gemütlich einen Kaffee zusammen?« Ja, warum sage ich das nicht einfach? Mich stört mein Chaos nicht, ganz im Gegenteil. Aber die Sauberkeitsbedürfnisse von anderen Menschen stressen mich sehr, sogar in meiner eigenen Wohnung. Mein Mann hat Recht. Ich sollte mich locker machen. Auf der Parkbank hatte mir die Jonas-Mama erzählt, dass sie neuerdings das tägliche Glas Wein durch gesunden Kräutertee ersetzt und sich nur mühsam daran gewöhnt. Ich werde mich nie an tägliches Putzen gewöhnen. Aber an spontane und entspannte Besucher, denen ich Kaffee koche und Chippies serviere, bevor ich mich dann zwischen Zeitungen, Spielsachen und Kissen zu ihnen auf das Sofa quetsche. Ja, an die könnte ich mich eigentlich doch mal gewöhnen. Denn wie heißt es so schön: Gute Mütter haben klebrige Böden, dreckige Backöfen und glückliche Kinder.

Drei Sätze für die Tonne

× Unsere Generation hat den Haushalt doch auch ohne Putzhilfe erledigt!

× Mittagessen beim Schnellimbiss geht gar nicht!

× Spielzeug gehört nur ins Kinderzimmer!

Sie wollen in Ihr Nerven-
kostüm investieren? Dann
könnten Sie eine Putz-
hilfe, einen Trockner,
einen Staubsaugerroboter,
ein Küchenradio und eine
leere Kiste gebrauchen, in die Tag
für Tag herumfliegende Spielsachen wandern und
die Ihr Kind am Sonntagabend ausräumen darf.
Was Sie nicht brauchen: ein Bügelbrett! Knittrige
Blusen kann man prima mit Jacketts kaschieren
und die Zeiten, in denen Bügelfalten etwas über
Seriosität verrieten, sind zum Glück vorbei.

2

Mut zur Lücke ...
beim Glücklichsein

Ja, Mutter zu werden ist das größte denkbare Glück. Aber zwischen vollen Windeln, der fünften Streptokokken-Infektion in zwei Monaten und Trotzanfällen im Supermarkt spürt man es manchmal etwas gedämpft. Und das ist normal. Trotzdem fragen wir uns heimlich, ob andere Eltern nicht vielleicht noch glücklicher sind als wir selbst. Wie okay ist es, mal kurz zu vergessen, warum es unbedingt drei Kinder sein mussten? Der Soziologe Dr. Matthias Pollmann-Schult vom Wissenschaftszentrum für Sozialforschung Berlin kennt sich aus mit Stimmungskurven von Müttern und Vätern. Er leitete die Studie »Elternschaft und Lebenszufriedenheit in Deutschland« (2013) und war sofort zu einem Interview bereit.

Auf Facebook begegnen einem nur glücksüberströmte Müt-
ter. Dabei ist Familie doch total nervenaufreibend.
Im Netz zeigen wir uns alle von unserer Schokoladen-
seite. Und von Frauen wird ohnehin mehr als von Männern erwartet, bitteschön glücklich zu werden durch
die Geburt ihres Kindes. Welche Frau sagt schon öffent-
lich: Ich habe zwei Kinder, aber irgendwie fühlt sich
mein Leben jetzt vor allem hundertmal stressiger an?
Dabei wäre so ein Statement doch auch nachvollzieh-
bar. Schließlich verzichten vor allem Frauen auf Schlaf,
Karriere und Zeit für sich allein. Dass sie betonen wollen, wie glücklich sie die Kinder gemacht haben, hängt
vermutlich auch mit ihrem Wunsch zusammen, dass
sich der Verzicht gelohnt haben muss.

Wenn Kinder glücklich machen, müssten Mütter von zwei
oder drei Kindern noch glücklicher sein.
Meine Studie zeigt, dass die Zufriedenheit mit dem
zweiten oder dritten Kind nicht noch mal ansteigt.
Kein Wunder! Drei Kinder bedeuten noch weniger
Schlaf und Freizeit. Der Job ist schwerer zu planen.
Am zufriedensten sind Eltern tatsächlich während des
ersten Lebensjahres ihres Kindes.

Ausgerechnet in der stressigsten Phase, in der man sich
dauernd mit dem Partner streitet, wer wickeln, füttern
und seinem Chef absagen muss, weil das Baby schon wie-
der krank ist?
Offensichtlich überwiegen die schönen Momente an
der Wiege, die ersten gemeinsamen Spaziergänge, die

Kuschelstunden. Allerdings gewöhnen wir uns allmählich an diese Zufriedenheit und empfinden sie von Jahr zu Jahr weniger intensiv. Man spricht in der Soziologie von Adaptionsprozessen, vergleichbar mit dem intensiven Glücksgefühl, das frisch verheiratete Paare empfinden. Leider oft nur in den ersten Jahren.

Mal ehrlich: Machen Kinder denn nun glücklichere Menschen aus uns?
Nein, so einfach ist es nicht. Die allgemeine Lebenszufriedenheit von Eltern ist zwar größer als die von kinderlosen Paaren. Aber in den Bereichen Partnerschaft, Freizeit und soziale Kontakte könnte es für die meisten Mütter und Väter besser laufen.

Warum?
Viele Eltern sind unzufrieden mit ihrer finanziellen Situation. Mit Kind braucht man eben eine größere Wohnung, hat Kitakosten, Familienurlaube, später Nachhilfe oder Klavierunterricht.

Was ist mit dem Job: Sind Väter oder Mütter, die mehr als die klassischen zwölf Monate Elternzeit nehmen, zufriedener? Sie haben schließlich mehr Zeit für ihre Kinder.
Mütter, die gar nicht oder Teilzeit arbeiten, sind tatsächlich zufriedener. Arbeiten beide Elternteile Vollzeit, scheint die Stimmung zu Hause schlechter zu sein.

Hat Eva Herman also Recht und wir Frauen sollten zurück an den Herd, weil uns der Hausfrauenjob am meisten erfüllt?

Nein, so sollte man diese Studie bitte nicht auslegen. Zufriedener würden Eltern vor allem durch qualitativ hochwertige Kitaplätze, flexible Arbeitszeiten, vielleicht mehr Homeoffice und weniger Anwesenheitspflicht im Job. In Skandinavien sind arbeitende Frauen nicht so unzufrieden wie bei uns. Sie leben nämlich mit deutlich familienfreundlicheren Bedingungen.

Die meisten Väter in Deutschland nehmen höchstens zwei Monate Elternzeit, arbeiten dann wieder Vollzeit und keiner meckert mit ihnen, weil sie ihre Kinder zu lange in der Kita lassen. Das wird weiterhin den Müttern angekreidet. Von Frauen wird einfach mehr erwartet. Sie sollen arbeiten, gelten aber als Rabenmütter, wenn sie die Kinder bis in den späten Nachmittag in der Betreuung lassen. Die Bedürfnisse der Familie stehen bei Müttern oft über den eigenen. Dadurch sind sie auch anfälliger für ein schlechtes Gewissen. Da muss sich noch einiges ändern im Bewusstsein der Gesellschaft.

Drei Sätze für die Tonne

× Wird es nicht mal Zeit für ein Geschwisterchen?

× Wieso bist du gestresst, du hast dir doch Kinder gewünscht!

× Seit ich Kinder habe, bin ich ein besserer Mensch!

make it easy!

* Rund 39 Prozent der Väter und 34 Prozent der Mütter denken, dass sich Eltern in sozialen Netzwerken wie Facebook in ein besseres Licht rücken (ELTERN-Studie 2015). Mut zur Lücke, Leute! Zeigt euch ungeschminkt und echt. Nichts ist so sympathisch wie die unperfekte Wahrheit!

* Durchschlafen, bekocht werden, ins Kino gehen mit dem Liebsten: Es ist nicht Geld, das uns Eltern glücklich macht. Lässt sich aber mit Geld etwas Glück kaufen, dürfen wir ruhig mal Ja schreien. Zum Beispiel zu frischen Blumen, die regelmäßig zu uns nach Hause geliefert werden. www.bloomydays.com.

* Relaxt über den Flohmarkt, durch die City oder den Zoo bummeln und keine Panik schieben, dass das Kind plötzlich verschwunden ist auf Nimmerwiedersehen? Funktioniert, wenn man optimal aufpasst oder den Nachwuchs mit einem herzallerliebsten Notfallarmband ausstattet, auf dem Mamas Telefonnummer steht. www.luxusweiberl.de.

3

Mut zur Lücke ...
beim Schlafen

Vor der Geburt von Piet, 1, dachten
Annika, 34, und Philipp Grobbel, 36,
dass sie in allen denkwürdigen Formen
von Schlafentzug geübt und geprüft seien.
Dank Marlene, 5, die nachts ab und an auf-
wacht, aber auch wieder einschläft. Dann kam Piet.
Jetzt gehen die Grobbels auf dem Zahnfleisch. So richtig.

Annika: In den ersten vier Monaten hatte Piet Schlaf-
und Wachphasen wie jedes andere Baby auch. Es war
anstrengend, aber okay. Inzwischen ist es die Hölle. Alle
zwei Stunden wacht er nachts auf. Seit acht Monaten.
Manchmal jammert er, in Erkältungsphasen röchelt,
hustet und schnauft er. Ich wache sofort auf, liege angespannt im Bett und bete, er möge wieder einschlafen. In
den meisten Fällen passiert das nicht. Also wärme ich
eine Reismilch auf, nehme ihn hoch, füttere ihn und

lege ihn wieder ins Bett. Mit sehr viel Glück schläft er direkt wieder ein. Manchmal setzt er sich aber hin, ist topfit und will spielen. Dann könnte ich heulen.

Philipp: Ich bin dünn geworden, seit Piet nicht mehr schläft. Ich trinke mehr Kaffee, rauche viel. Ich habe nicht mehr den Elan, morgens mit dem Fahrrad zur Arbeit zu fahren. Seit Piet nicht schläft, nehme ich das Auto. Früher tat mir eine Runde Sport am Morgen gut. Heute fehlt mir die Kraft. Ich hatte keine Vorstellung davon, wie es sich anfühlt, morgens kaltschwitzend aufzustehen, als hätte ich abends ein paar Bier zu viel gekippt. Es ist der chronische Schlafentzug, der mich an meine Grenzen bringt, an meinen Nerven zerrt. Seit Monaten. Dabei steht meine Frau öfter auf als ich. Vielleicht erholt man sich nachts auch weniger, wenn man beim Einschlafen schon weiß, dass man zwei Stunden später wieder ein brüllendes Baby durch die Wohnung trägt. Mir kommt es oft vor, als hätte ich gerade zehn Minuten geschlafen, wenn Piet schreit.

Annika: Ich bin morgens, mittags und abends müde. Dabei haben wir alle möglichen Gründe für Piets Schlaflosigkeit überprüft: Bekommt er die richtige Milch? Liegt er in einem Zimmer, das ihm Ruhe und Geborgenheit gibt? Schläft er tagsüber vielleicht zu viel und zu ungünstigen Zeiten? Braucht er homöopathische Kügelchen zur Unterstützung oder ein anderes Bett oder den Papa zum Einschlafen statt der Mama? Sollten wir ihn vielleicht nicht sofort hochnehmen, sondern jammern lassen? Könnte er sich theoretisch selbst beruhigen, wird er vielleicht nur durch unsere vorschnelle Reaktion daran gehindert? Wir haben alles versucht. Alles. Nichts half. In seinem U-Heft steht inzwischen »Schlafstörung!« Hätte ich keine Kinder, würde ich vor Erschöpfung an manchen Tagen liegen bleiben und mich im Job krankmelden. So versuche ich, mein Programm zu schaffen: arbeiten, einkaufen, kochen, spielen, die nächste Woche planen. Ich funktioniere und hoffe, dass kein zusätzliches Problem auftaucht, für das mir die Kraft fehlt. Und ja, ich bin gereizter und schneller genervt als früher. Manchmal auch richtig dünnhäutig und wegen Kleinkram beleidigt. Mein Ton hat sich verändert. Philipp kann davon ein Lied singen. In den ersten Monaten sagte ich nachts noch: »Komm, schlaf weiter, ich übernehme!« Heute sage ich: »Her mit der Flasche, ich mach das!« Ich rauche auch wieder, das beruhigt meine Nerven.

Philipp: Ich bin Tischlermeister. An der Hobelbank lasse ich meinen Frust raus. Ich kloppe mit aller Wucht Möbel zusammen, das tut gut. Die schlimmste Phase war für mich meine Elternzeit. Ich war einfach nur fertig. Zum Glück darf ich jetzt wieder arbeiten.

Annika: Anfangs wechselten wir uns konsequent ab mit den Nachtdiensten. Und scheiterten daran, dass Philipp tiefer schläft als ich. Er hörte Piets Gejammer nicht. Ich musste ihn wecken und konnte dann selbst nicht durchschlafen. Während seiner Elternzeitmonate war er so erschöpft, dass ich ihn nachts nicht wach bekam. Er tat mir einfach nur leid. Inzwischen hat es sich auf Teamwork eingependelt. Ich wiege und tröste Piet und Philipp wärmt derweil die Reismilch auf. Meine Freundinnen raten mir, nichts Unnötiges und Zusätzliches mehr zu tun, solange diese Phase dauert. Keine Marmelade kochen, keine Blumentöpfe bepflanzen, keine Geburtstagsgeschenkkarten basteln oder Wohnungsverschönerungen starten. Ich kaufe jetzt Pizza, statt welche zu backen. Ich fege einmal durch, statt zu wischen. Und ich putze erst recht keine Fenster mehr. Auch beruflich arbeite ich zurzeit nur für mein Gehalt und nicht für Lob und Begeisterung von meinem Chef.

Philipp: Am Tiefpunkt meiner Elternzeit musste ich mich vor Erschöpfung übergeben. Einfach so. Erst seit ich wieder arbeite und Piet vormittags in der Kita ist, geht es mir besser. Aber mir fehlt die Energie, unsere Wohnung aufzuräumen. Früher hat mich das runtergebracht, es fühlte sich gut an, klar Schiff zu machen. Inzwischen ist es mir nicht mehr wichtig, ob der Esstisch von umgeschütteten Säften klebt. Ich ignoriere das Chaos.

Annika: Vielleicht sollten wir abends nicht noch mit einem Glas Wein zusammensitzen und konsequent auf Filme, Bücher und Gespräche verzichten, dafür pünktlich mit unserer großen Tochter Marlene ins Bett gehen. Aber ich will ein Leben neben den Kindern. Und wenn es nur zwei Stunden am Abend sind, in denen ich mit meinem Mann quatsche, Zeitung lese oder Mails schreibe. Für unsere Beziehung ist Piets Schlafproblem natürlich auch eine Herausforderung. Wir nutzen unsere wachen Momente, um uns Mut zu machen. »Es ist nur eine Phase«, sage ich immer. Und Philipp sagt: »Irgendwann schläft er durch und wir können uns das alles nicht mehr vorstellen!« Noch sind wir mittendrin. Aber wenigstens zu zweit.

Philipp: Ich hätte nie gedacht, dass uns das zweite Kind noch mal so ans Limit bringt. Wir kannten Schlaflosigkeit schon von Marlene. Aber eben nicht in diesem Ausmaß. Aber wie ist das bei den meisten Problemen im Alltag? Was von selbst kommt, geht von selbst!

Drei Sätze für die Tonne

× Nach dem Stillen müssen Babys sofort gewickelt werden, auch nachts!

× Jetzt ist er schon sieben und kommt nachts immer noch zu uns rüber, da stimmt doch was nicht!

× Jedes Kind kann schlafen lernen!

Hebamme Günes Brown
aus Hamburg sagt:
»Liebe Eltern, gewöhnt
euch an, tagsüber spontan
zu schlafen, wenn euer
Baby schläft. Wechselt euch
in den Nächten ab, damit
jeder mal die Batterien aufladen
kann, und nutzt im Kinderschlaf-
zimmer das sanfte Licht einer Salzkristalllampe.

Vielleicht beruhigt es euch zu wissen, dass die
Mutter-Kind-Bindung bei Babys, die schlecht schla-
fen, oft besonders intensiv ist. Vor dem Einschlafen
tut Körperkontakt gut, zum Beispiel in Form einer
Fußmassage mit beruhigendem Lavendelöl. Liegt das
Kind dann in seinem Bettchen, sollte es nicht mehr
zu lange betüddelt werden. Wacht es nach sechs
Monaten noch immer ständig nachts auf, könnte ein
Osteopath mögliche Blockaden im Rücken überprü-
fen. Vielleicht drückt es irgendwo im Liegen.

Empfehlen kann ich euch das Buch von William
Sears: *Schlafen und Wachen*. LaLecheLiga 2010.«

4

Mut zur Lücke ...
beim Essen

Carmen Helms arbeitet als Diplom-Oecotrophologin und Heilpraktikerin in Hamburg. Die Mutter von Jannis, 16, Lysann, 12, und Henri, 3, ist Profi, wenn es um die Frage geht, wie man den Kindern und sich selbst auch im größten Jobstress etwas Gesundes auf den Tisch stellt. Sie sagt: Wer an fünf von sieben Tagen gesund isst, macht alles richtig! Und nein, es muss nicht immer nur Bio sein. Aber lesen Sie selbst, was die Expertin rät.

Als gestresste Mütter haben wir einen besonders hohen Bedarf an Vitaminen und Mineralstoffen. Wir leben ständig am Limit, sind auf volle Power geschaltet und schlafen oft zu wenig, weil unsere Kinder nachts Hunger bekommen oder sich in unser Bett auf die Besucherritze quetschen oder noch mal fix Pipi müssen. Überziehen wir allerdings unser Vitamin- und Mineralstoffguthaben, zahlen wir Zinsen wie bei einem Bankkonto. Wir werden schlapp und müde und müssen Eisentabletten einwerfen, die Verstopfung oder Durchfall mit sich bringen können. Und wir reagieren gereizter auf Chaos, Geschwisterstreit und Trotzanfälle. Oft trocknen auch Haut und Haare aus und unser Hormonspiegel gerät aus dem Gleichgewicht. Was also können wir tun? Nicht nur auf die gehaltvolle Ernährung unserer Kinder achten, die in der Kita meistens gesünder essen als wir im Büro. Sondern auch auf uns selber.

Wie aber kommt man ohne großen Stress zu einem vitamin- und mineralstoffreichen Essen? Kaum eine Familie kann es sich leisten, Gemüse, Obst und Fleisch ausschließlich biologisch dynamisch zu kaufen. Und dann fehlt es oft an Zeit und Nerven, für einen Bioladen einmal quer durch die Stadt zu gurken. Apropos Gurken: Im Supermarkt kommen sie als Biovariante oft aus Bulgarien und sind nicht unbedingt gesünder als die normale Gurke aus Deutschland. Manchmal ist also der Wochenmarkt die bessere Idee. Wer es einrichten kann, Kartoffeln, Salate und heimische Obstsorten auf dem Markt zu kaufen, zahlt für die saisonalen und regionalen Produkte meistens faire Preise und ernährt sich gesund. Bei Trauben, Pfirsichen, Nektarinen und Paprika, die besonders viele Fungizide und Pestizide speichern können, lohnt sich allerdings dann doch der Fokus auf Bio.

Für die typische Alltagssituation gilt: Auch eine Tiefkühlpizza ruiniert weder den Magen noch den Vitalstoffhaushalt, zumal sie sich mit gutem Tomatenmark, frischen Pilzen, Paprikastücken oder Artischocken qualitativ aufwerten lässt. Dasselbe gilt für die Röstis aus dem Supermarkt, die mit Tiefkühl-Rahmspinat und Kräuterquark eine super Mahlzeit hergeben.

Wer nicht selbst zum Kochen kommt, nimmt sich einfach ein paar Karotten mit in den Job, die schnell geschält sind. Den Apfel und die Kiwi kann man morgens in die Handtasche werfen und ein Tütchen Nüsse mit B-Vitaminen für das Nervenkostüm lässt sich wunderbar in der Schreibtischschublade parken. Auch schnell zubereitet und perfekt für das Konzentrationstief am Nachmittag ist ein Getreidemix. Und der geht so: Frisches Vollkorngetreide im Drogeriemarkt kaufen und dort direkt schroten lassen. Abends in wenig Wasser einweichen. Morgens einen pürierten Apfel und eine zerdrückte Banane drunterrühren und einen Schuss Sahne dazukippen. Fertig!

Lieblingsgerichte für die ganze Woche

Sie haben tagsüber nichts Gehaltvolles gegessen und wollen Ihrer Familie abends noch etwas Warmes kochen? Carmen Helms hat für jeden Wochentag einen Tipp:

Montag: Pellkartoffeln mit Quark und Rohkost

So geht es easy: Frische Kräuter wie Petersilie oder Schnittlauch in Töpfen für die Fensterbank kaufen. Kartoffeln gut waschen und mit Schale kochen. Radieschen, Paprika und Karotten zu Gemüsesticks schneiden. Zwanzigprozentigen Quark mit Kräutern mixen, würzen und alles zusammen servieren.

Das steckt drin: Kartoffeln und Kräuter liefern wichtige Vitamine und Mineralstoffe. Das Eiweiß aus dem Quark wird unkompliziert in körpereigenes Eiweiß umgewandelt. Kinder in der Wachstumsphase brauchen Eiweiß für ihre Körperzellen, wir Erwachsenen brauchen es ebenso. Die Carotinoide aus den Karotten werden im Körper zu Vitamin A umgewandelt: Super für die Sehkraft!

Dienstag: Vollkorn-Pfannkuchen mit Apfelmus

So geht es easy: Den Pfannkuchenteig mit Vollkorn-Dinkelmehl anrühren, ausbacken und mit zuckerfreiem Apfelmus oder Mangomus aus dem Glas servieren. Zimt ohne Zucker obendrauf streuen.

Das steckt drin: Dinkel, das Urgetreide, ist für unseren Körper besser verträglich als Weizen. Im Vollkornmehl stecken viele B-Vitamine, die die Nerven stärken. Die Ballaststoffe sättigen und unterstützen die Verdauung.

Mittwoch: Bunte Gemüse-Reis-Pfanne

So geht es easy: Naturreis kochen und Möhren zusammen mit Zwiebeln anbraten. Tiefkühlerbsen kochen und mit frisch gehackter Petersilie über dem Reis und dem Gemüsemix verteilen. Dazu passt angebratenes Hühnchen.

Das steckt drin: Naturreis enthält Eisen, Zink und Magnesium. Schalen und Keimling sind noch erhalten und hier sitzen die Vital- und Ballaststoffe. Das macht ihn besonders gesund. Erbsen sind aufgrund ihres hohen Gehalts an Vitaminen und Mineralstoffen auch als Gehirn- und Nervennahrung beliebt.

Donnerstag: Nudeln in Lauch-Zucchini-Rahmsoße

So geht es easy: Vollkornnudeln kochen. Es müssen nicht die schwarzen aus dem Reformhaus sein, es reichen normale aus dem Supermarkt. Aber Vollkorn sollte es möglichst sein. Zwiebeln mit Lauch und geriebener Zucchini anbraten und mit Sahne und Gemüsebrühe ablöschen. Lauch-Zucchini-Soße über die Nudeln gießen und mit Parmesan bestreuen. Dazu passt ein Schälchen Feldsalat mit Biomaiskörnern aus der Dose in Olivenöl-Balsamico-Dressing.

Das steckt drin: Zucchini sind echte Kraftmacher, haben wenig Kalorien, einen hohen Wassergehalt, sind leicht verdaulich und stecken voller Vitamin A und E, Natrium, Kalium und Calcium. Feldsalat ist folsäurehaltig und damit gut für unser Gedächtnis. Er enthält fast so viel Vitamin C wie Orangen.

Freitag: Selbst gemachte Easy-going-Fischstäbchen

So geht es easy: Fischfilet ohne Gräten auf dem Markt oder aber tiefgekühltes Fischfilet kaufen, in kleine Stäbchen schneiden, in gequirltem Ei und zerdrückten Cornflakes wenden. In der Pfanne beidseitig anbraten. Kartoffeln kochen und mit Rahmspinat aus der Tiefkühltruhe servieren.

Das steckt drin: Die Omega-3-Fettsäuren und der hohe Jodgehalt im Fisch sind wichtig für unser Immunsystem und wirken entzündungshemmend. Spinat enthält Beta-Carotin, Vitamin C und B und viele Mineralien.

Samstag: Gemüse-Bolognese mit Rindfleisch

So geht es easy: Rinderhack mit Zwiebeln und Knoblauch anbraten. Klein geschnittene Paprikastücke, am besten die leichter verträglichen roten oder gelben, dazugeben. Zwei Esslöffel Tomatenmark und eine Dose Biotomaten in Stücken mit anbraten. Hacksoße über gekochte Vollkornnudeln gießen.

Das steckt drin: Paprika gehört zu den Gemüsen mit dem meisten Vitamin C. Rindfleisch ist weniger fett als Schweinefleisch und enthält mehr Eisen, es steckt voller Vitamine und Zink und ist deshalb gut für den Stoffwechsel.

Sonntag: Kürbissuppe mit Brot

So geht es easy: Einen mittelgroßen Hokkaidokürbis waschen und mitsamt der Schale in kleine Stücke schneiden. Mit Zwiebeln und Knoblauch anbraten und mit Gemüsebrühe ablöschen. Mit einem Stück frisch geraspeltem Ingwer und mit Salz und Pfeffer abschmecken, mit Kokosmilch verfeinern. Dazu Brot zum Dippen.

Das steckt drin: Kürbis enthält viel Vitamin C, das unser Immunsystem stärkt, aber auch Beta-Carotin, das vor Freien Radikalen schützt, die für Herz-Kreislauf-Probleme und Krebserkrankungen verantwortlich gemacht werden.

Für jeden Tag: Frühstück mit Porridge

So geht es easy: 250 ml Vollmilch (oder Reismilch) erwärmen, fünf Esslöffel blütenzarte Vollkornhaferflocken dazuschütten, einen Apfel mit Schale hineinreiben. Aufkochen und fünf Minuten köcheln lassen. Vom Herd nehmen, mit Honig und Zimt abschmecken.

Das steckt drin: Haferflocken liefern sättigende Ballaststoffe, Eisen, Zink und Proteine für den Muskelaufbau und haben vor allem auf Kinder eine entspannende Wirkung.

Drei Sätze für die Tonne

× Tiefkühlgemüse ist viel ungesünder als frisches!

× Grillwürstchen isst man am Tisch und nicht auf die Hand!

× Eine warme Mahlzeit am Tag muss sein!

* Sind Paprika, Kiwis, Karotten und Spinat mal wieder nur ibäh, dann schmeißen Sie alles in den Entsafter und präsentieren Ihrem krüschen Nachwuchs die Vitamine als leckeren Kindercocktail mit buntem Strohhalm. Was auch gut funktioniert: Unbeliebtes Gemüse wie Zucchini oder Kohlrabi zur Unkenntlichkeit kleingeraspelt mit anbraten und zum Beispiel in die Nudelsoße rühren.

make it easy!

* Tipp für Neu-Muttis: Karotten, Pastinaken oder Kartoffelbrei jeden Tag neu kochen? Zeitverschwendung! Einfach kleine Portionen in Eiswürfeltüten einfrieren.

* Wieso nicht mal einkaufen lassen? Zutaten und Rezepte für vier kinderfreundliche Gerichte für vier Personen werden für ca. 67 Euro direkt nach Hause geliefert – frisch und ökologisch: www.kommtessen.de.

* Kindergabeln mit lustiger Drehfunktion für kleine Nudelanfänger sind bestellbar unter www.mamarella.com – einfach Gabel oder Bolognese in das Suchfeld eingeben.

5

Mut zur Lücke ...
beim Sex

Guter Sex trotz Elternschaft? Klamotten vom Leib reißen, sich durch Bettlaken wühlen, kreischen bis zum Exodus? Naja, nicht so einfach, wenn das Baby gerade eingeschlafen ist und jeden Moment nach der Milch brüllen könnte. Drei Mütter und ein Vater haben denselben Lückentext ausgefüllt. Sie lassen uns anonym teilhaben an sexuellen Flauten, Figurfrust und feurigen Momenten. Ein Sexualtherapeut gibt anschließend Einblicke in die klassischen Lustkrisen von Paaren mit Kindern.

Eine Mutter, 30, seit zwei Jahren verheiratet, zwei Söhne

Meine längste Sexpause seit der Geburt ... meiner zwei Söhne ... hatte ich ... als ich vor lauter Stress mit einem Baby und einem extrem wütenden Zweijährigen gar keine Lust mehr auf nix und niemanden hatte ... Der Grund war,

41

dass ich ... vor lauter Bedürfniserfüllung für andere Menschen meine eigenen Bedürfnisse irgendwie so gar nicht mehr sexuell waren – da hätte man mir George Clooney nackt auf den Bauch binden können ... Für mich sind solche Sex-Flaute-Phasen ... einerseits Stress, denn mir ist wichtig, dass es auch meinem Mann gut geht und dabei spielt Sex schon eine große Rolle. Und andererseits auch normal und ein guter Anlass, um mit meinem Partner im Austausch darüber zu bleiben, was wir uns voneinander wünschen ... Ansonsten finde ich: Mindestens ... gibt's bei mir nicht! Manchmal habe ich drei Monate keinen Nerv und manchmal werde ich dreimal die Woche heiß. Soll-Zahlen helfen an der Stelle niemandem ... Damit ich nach einem stressigen Tag noch in Schwung komme, sollte mein Partner ... sich die Mühe machen, aufmerksam zu sein, und mitbekommen, in welchem Zustand ich grad bin, die Heizung aufdrehen und am besten eine möglichst absichtslose Massage anfangen. Dann geht's oft von allein ... Sich zum Sex zu verabreden, finde ich ... ok und elterngerecht ... Seit meiner Schwangerschaft hat sich mein Körper ... um zwei Kleidergrößen gedehnt und mit schicken Schwangerschaftsstreifen geschmückt. Ich gewöhne mich langsam daran, mein Mann ist da viel unkomplizierter. Das merke ich vor allem daran, wie er mich ansieht ... Von meinem Partner wünsche ich mir … *manchmal, dass er mit mir versaute Filme anschauen würde. Aber danach zu fragen ist mir peinlich* … Man denkt ja immer, dass alle anderen Paare noch verrücktere akrobatische Nummern hinlegen als man selbst. Aber ich sage mir immer: … *Es hat gute Gründe, wenn etwas zum Klassiker wird!*

Ein Vater, 38, seit zehn Jahren verheiratet

Meine längste Sexpause seit der Geburt … *von zwei Töchtern* … hatte ich … *während der Babyphasen, als meine Frau und ich gestresst waren von schlaflosen Nächten und unsere Beziehung ziemlich angespannt* … Der Grund war, dass … *wir uns wahrscheinlich erst an die Dreierkonstellation gewöhnen mussten, meine Frau ihren Vollzeitjob nicht mehr machen wollte und keinen Plan hatte, womit sie Geld verdienen soll. Ich war genervt von Job, Kollegen, dem ewigen Hamsterrad im Alltag und dem Druck, für zwei oder eigentlich für vier zu verdienen. Meine Kinder habe ich fast nur schlafend gesehen. Überall Frust und Stress.* Für mich sind solche Sex-Flaute-Phasen … *fast schon normal in einer Langzeitbeziehung* … Ansonsten finde ich: Mindestens … *zwei Mal* … im Monat muss schon drin sein, sonst … *wird es verkrampft und ich muss es alleine machen* … Damit ich nach einem stressigen Tag noch in Schwung komme, sollte meine Partnerin … *auch Lust haben und mir* das bitte auch zeigen … Sich zum Sex zu verabreden finde ich … *nicht schlecht. Sonst ist einer von beiden, also meine Frau, abends wieder zu müde und man schläft ein und wieder ist eine sexlose Woche rum* … Seit der Schwangerschaft hat sich der Körper meiner Frau … *nicht wirklich verändert. Das sieht sie natürlich anders, aber mich stören zwei Kilo mehr einfach nicht.* Von meiner Partnerin wünsche ich mir manchmal … *mehr Eigeninitiative!!! Warum muss ich immer den Anfang machen?* … Man denkt immer, dass andere Paare noch verrücktere akrobatische Nummern hinlegen als man selbst. Aber ich sage mir immer: … *Es muss nicht mal verrückt sein. Lieber einmal mehr und ganz normal im Ehebett vor dem Einschlafen.*

Eine Mutter, 32, alleinerziehend,
seit vier Wochen wieder verliebt, ein Sohn
Meine längste Sexpause seit der Geburt … *meines Sohnes* … hatte ich, als … *meine Hormone irgendwie nicht wollten, da war mein Sohn wenige Monate alt* … Der Grund war, dass ich … *ständig müde war* … Für mich sind solche Sex-Flaute-Phasen … *deprimierend* … Ansonsten finde ich: Mindestens … *zwölf Mal* … im Monat muss schon drin sein, sonst … *bin ich schlecht gelaunt* … Damit ich nach

einem stressigen Tag noch in Schwung komme, sollte mein Partner ... *mich heiß küssen und mir sehr detailliert erzählen, was er mit mir vorhat* ... Sich zum Sex zu verabreden finde ich ... *SUPER!* ... Seit meiner Schwangerschaft hat sich mein Körper ... *fast nicht verändert* ... Von meinem Partner wünsche ich mir manchmal ... *eigentlich nichts, er erfüllt alle noch so unanständigen Wünsche* ... Man denkt ja immer, dass andere Paare noch verrücktere akrobatische Nummern hinlegen als man selbst. Aber ich sage: ... *Oh, wir machen solche Schweinereien, das geht weit über Akrobatik hinaus. Außerdem schicken wir uns gegenseitig Fotos und Filme, das konnte ich vorher mit keinem anderen Mann machen. Auch die Peitsche war schon mal im Einsatz. Wir haben viel gelacht.*

Eine Mutter, 36, seit vier Jahren verheiratet, ein Sohn, eine Tochter

Meine längste Sexpause seit der Geburt ... *meiner zwei Kinder* ... hatte ich als ... *ich wahnsinnig müde war, weil beide ewig nicht durchschliefen.* Der Grund war, dass ich ... *Sex nur noch als zusätzliches Pflichtprogramm empfunden habe und abends keine Lust und keine Kraft mehr hatte, noch irgendeine Art von Leistung zu bringen* ... Für mich sind solche Sex-Flaute-Phasen ... *total unangenehm, weil ich denke, dass ich meinem Mann nicht gerecht werde und ihn ständig vertrösten muss und mich selbst* unter Druck setze, obwohl er sich nicht direkt beklagt. Außerdem habe ich Angst, dass er irgendwann doch fremdgeht, weil er nicht auf seine Kosten kommt ... Ansonsten finde ich: Mindestens ... hm, ein bis zwei Mal ... im Monat muss schon drin sein, sonst ... habe ich erst recht keine Lust mehr und muss mindestens einen Softporno schauen oder mit Kerzen und romantischer Musik verführt werden, um wieder Lust zu kriegen ... Damit ich nach einem stressigen Tag noch in Schwung komme, sollte mein Partner ... nicht die in die Jahre gekommene Baumwollschlafanzughose anziehen, unter der man es baumeln sieht. Sind wir erst mal in Fahrt, genieße ich die herrliche Vertrautheit zwischen uns. Jeder weiß, was der andere braucht. Der große Vorteil einer Langzeitbeziehung ... Sich zum Sex zu verabreden, finde ich ... einerseits gut, weil man sonst doch wieder einpennt. Andererseits stresst es mich erst recht, wenn ich keine Lust habe und schon morgens denke: Oh je, ich muss heute Abend ja auch noch ... Seit meiner Schwangerschaft hat sich mein Körper ... verändert. Mein Bauch ist noch weniger straff als vorher, die Brust hängt leicht, leider ... Von meinem Partner wünsche ich mir manchmal ... dass er nicht nur von mir die große Leidenschaft fordert, sondern selbst aktiv wird, das Bett neu bezieht, Musik auflegt, mich richtig und stilvoll verführt, also nicht nur erwartet, dass ich über ihn herfalle … Man denkt ja immer, dass andere Paare noch verrücktere akrobatische Nummern hinlegen als man selbst. Aber ich sage: … *Wir vertrauen uns inzwischen unsere intimsten sexuellen Sehnsüchte an, das macht das Liebesleben intensiver und entspannter und ist uns wichtiger als die Häufigkeit.*

Interview mit Stephan Moschner, Paar- und Sexualtherapeut

In seine Hamburger Praxis kommen Paare, die sich körperlich fremd geworden sind und ihre Lust aneinander neu entdecken wollen.

Wie verändert sich der Sex mit der Geburt eines Babys?
Die Frauen sind oft erschöpft von Stillen, Haushaltskram, Kinderarzt-Terminen und chronischem Schlafentzug. Manchmal reicht ihnen einfach die körperliche Nähe zu ihrem Baby, sodass sie sich nach keiner anderen Form von Körperlichkeit sehnen. Die Lust ploppt nicht mehr ganz selbstverständlich auf. Sex braucht jetzt eine Entscheidung. Das ist die große Herausforderung und die einschneidendste Veränderung, mit der Paare konfrontiert werden, die eine Familie gegründet haben. Hinzu kommt, dass plötzlich andere Dinge wichtiger sind als Sex. Zum Beispiel noch mehr Geld

zu verdienen, die Familie abzusichern. Oder die Frage, wie sich ein Moment der Entspannung einrichten lässt.

Ist Sex denn keine Form von Entspannung?
Viele übermüdete Mütter und Väter denken bei Entspannung doch eher an einen Abend in gemütlichen Klamotten auf dem Sofa. Leidenschaftlicher, lustvoller Sex braucht aber Reibung, Neugier, Spannung, Lust auf das Fremde. In der Anfangsphase der Elternzeit sehnen sich Paare vor allem nach Harmonie, nach schnellen wortlosen Absprachen: Wer steht nachts auf, wickelt und füttert? Klappt das gut, fühlt man sich wohl und geliebt. Konflikte werden eher vermieden. So ist das Familienleben schön, aber nicht unbedingt erotisch.

Mit anderen Worten: Die Lust ist plötzlich weg. Wie kann man sie zurückholen?
Jedenfalls nicht, indem man nur abwartet. Wir müssen schon etwas dafür tun, dass Lust entsteht. Es ist verständlich und normal, dass junge Eltern abends nur noch an Schlaf denken oder dass höchstens einer von beiden Lust auf sexuelle Aktivität hat. Die entscheidende Frage ist: Wie kann ich die Rahmenbedingungen in meinem Alltag ändern, um wieder Lust auf meinen Partner zu bekommen? Was brauche ich, damit ich mich überhaupt wieder einlassen kann auf Körperlichkeit?

Viele Eltern bräuchten mehr Zeit für sich und deutlich mehr Schlaf. Beides lässt sich nicht herbeizaubern.

Vergessen Sie aber auch die Wertschätzung nicht, die man sich vom Partner erhofft, um sich emotional und körperlich auf ihn einlassen zu können. Man spricht in der Psychologie an dieser Stelle von paardynamischen Bedingungen. Es geht nicht nur um das gute Gefühl mit sich selbst, sondern auch um die Gefühle, die der Partner in einem auslöst. Wer sich wegen der vergessenen Milch aus dem Supermarkt oder dem unordentlichen Wohnzimmer ständig kritisieren lassen muss, ist abends erst recht nicht zu körperlicher Zärtlichkeit aufgelegt. Apropos Abend: Für viele Paare ist der Abend gar nicht der optimale Zeitpunkt für Sex. Mütter und Väter sind einfach oft froh, dass der Tag geschafft ist.

Für spontane Nummern am Nachmittag ist das Familienleben aber auch nicht geeignet. Man könnte gestört werden ... Ein konkretes Date ist eine Möglichkeit. Das Problem ist nur, dass es denjenigen unter Druck setzen könnte, der weniger Lust hat von beiden. Klüger ist es, sich zu verabreden zu einer körperlichen Aktion, die Spaß macht und eine gute Stimmung entstehen lässt. Nach dem Motto: Alles darf, nichts muss. Das kann ein Abend zu zweit in der Badewanne sein, eine gegenseitige Massage, bei der es einfach um erotische Momente geht, ohne dass es zwangsläufig auf Geschlechtsverkehr hinausläuft. Diese Art von zwangloser Körperlichkeit schafft eher Lust als das diszipliniert eingehaltene Sex-Date.

Sind Männer nicht enttäuscht, wenn nach der sinnlichen Massage der Gutenachtkuss kommt und dann nichts mehr?
Es geht Männern oft gar nicht nur um den Orgasmus, sondern vor allem um körperliche Nähe, durch die sie sich geliebt und bestätigt fühlen. Sonst würde Selbstbefriedigung ja auch ausreichen.

Fragen viele Männer bei Ihnen um Rat, weil sie unzufrieden sind mit dem Sex im Ehebett?
Schon, aber das Problem von Männern ist weniger die Beziehung, sondern ständiger Stress und Druck im Job, der die Lust kaputt macht. In vielen Beziehungen einigen sich Mann und Frau mit den Jahren auf den kleinsten gemeinsamen Nenner. Beide machen so viele Abstriche bei ihren erotischen Fantasien, um dem anderen entgegenzukommen, dass sie sich am Ende auf eine Art langweiligen Schmalspur-Sex einigen. Diese Art von Sex ist für beide okay. Aber okay ist zu wenig, reicht nur noch für die gemeinsame Sex-Statistik. Man hat sich als Paar zwar bestätigt, aber der Spaß ist ausgeblieben. Eine Möglichkeit, lustvolleren Sex zu erleben, ist für Männer dann oft der Solo-Sex kombiniert mit Pornos. Insbesondere ein gesteigerter Konsum von Pornografie verringert erwiesenermaßen die Lust auf die feste Partnerin. Und die Frau sagt sich vielleicht: Ach, lieber gar keinen Sex als schlechten.

Steckt man in einer Sexflaute, denkt man, dass alle anderen Paare wilderen und besseren Sex haben. Das fühlt sich mies an und setzt erst recht unter Druck.

Laut einer Studie der Uniklinik Hamburg von 2003 nimmt die Häufigkeit von Sex mit der Dauer der Beziehung ab. Es ist also normal, wenn Paare nach Jahren nicht mehr ständig an Sex denken. Aber Sexualität verläuft auch nie linear. Manche Paare haben zwei Tage hintereinander Sex und dann wochenlang Pause. Ist es für beide Partner okay, sind auch monatelange Auszeiten in Ordnung.

Aber ohne Sex fehlt einer Beziehung langfristig etwas. Was raten Sie Eltern im Sex-Leerlauf?
Sprechen Sie miteinander über Ihre erotischen Bedürfnisse. Das Gute ist, dass Eltern einen besonders hohen moralischen Anspruch haben und sich nicht bei der ersten Krise trennen. Schon der Kinder wegen. Es lohnt sich immer, noch mal ganz neu anzufangen, gegebenenfalls mit Hilfe von Paartherapeuten oder sexueller Beratung. Guter Sex trotz Elternschaft, das ist möglich.

Drei Sätze für die Tonne

× Einmal im Monat muss aber schon sein!

× Sex auf der Waschmaschine oder auf dem Teppich ist doch albern in unserem Alter!

× Je dünner die Frau, desto besser der Sex!

make it easy!

* Für alle, die wieder öfter sexeln wollen: Im Online-Shop www.amorelie.de kann frau sich optimal ausstatten mit glitzernden Vibratoren, erotischen Überraschungsgeschenk-boxen, Paar-Toys, Liebesfilmen und lauter crazy Rollenspiel-Schnickschnack.

* Für alle, die bei Sex-Toys im Bett einen Lachanfall kriegen: Die beste Freundin zum Einhüten zwingen und den Partner mit einem Hotelbesuch überraschen. Teuer, aber gut investiert.

* Für alle, die gerade lieber schlafen als vögeln: Schlafen! Es gibt Wichtigeres im Leben als Sex.

6

Mut zur Lücke ...
im Urlaub
mit Kindern

Miriam Sommerfeld, 40,
Mutter von Benjamin, 5,
und Moritz, 3, ächzte sich früher
durch den Familienurlaub. Bis sie
erkannte, dass weniger manchmal mehr ist.
Ein Erfahrungsbericht.

Mit meinen Kindern in den Urlaub zu fahren, bedeutete für mich jahrelang Stress. Es fing schon im Zug oder im Flieger an und wurde im Hotelfrühstücksraum zur Hölle. Ich hatte das Gefühl, von kinderlosen Paaren im Saal angestarrt zu werden, weil sich unsere Jungs mal wieder danebenbenahmen. Manche Leute starrten nicht nur, sondern meckerten, weil die beiden zu laut waren oder im falschen Moment herumrannten. Ich saß immer auf Kohlen.

Also beschloss ich, unsere Urlaubsform zu ändern.

Ich schlug meinem Mann vor, in ein verlassenes Bergdorf zu reisen. Nur Hühner, Enten, Schweine, die Kinder und wir. Niemand würde uns stören und wir würden niemanden stören. Ich fand die Vorstellung herrlich. Aber Peter runzelte die Stirn: zu langweilig! Er sagte, er habe auch ein Recht auf Erholung und nicht nur die Kinder. Und für ihn bedeute Erholung nicht Exil im Nirgendwo zwischen irgendwelchen Viechern, sondern aufregende Städte- und Besichtigungstouren. »Ich will Kirchen, Museen und Botanische Gärten in den europäischen Hauptstädten anschauen. Ich mache gerne Abstriche und verzichte auf Moskau oder Oslo, aber ich will nicht in die Pampa!« Für mich schließen sich Kirchen, Museen und Kinder einfach aus. Ich wünsche mir in den Ferien Ruhe, mal runterkommen, lesen, länger schlafen als sonst und ohne Stress mit den Kindern im Sand buddeln. Also Zeit für die Familie und kein Programm.

Wir brauchten einen Kompromiss. Nach langem Katalogewälzen fanden wir eine kleine Finca auf Mallorca mit sehr viel Platz für uns und ohne direkte Nachbarn. Aber eben auch mit Verkehrsanbindung an kleine Ortschaften mit Kirchen, Märkten und Restaurants, die in Peters Reisebüchern mit Sternchen gelobt wurden. Ich verzichtete auf den Meerblick, die Putzfrau und das Buffet, das wir bei einer Pauschalreise geboten bekommen hätten, und Peter auf den Ausblick auf den Piccadilly Circus oder den Trevi-Brunnen. Wir konnten tun und lassen, was wir wollten. Keine Panik, dass unsere Söhne im Hotelaufzug auf alle Knöpfe gleichzeitig drückten, vor eine S-Bahn rannten, im Touristengewühl verloren gingen oder …

Weil Einkaufen in spanischen Supermärkten keine gute Idee ist, wenn man nach Entspannung sucht, gönnten wir uns die Abendessen im Lokal und kochten mittags für die Kinder unkomplizierte Pastavariationen. Für uns gab es Salat mit Brot.

Angst machten mir nur noch Peters Museumspläne. Ich sah meine Kinder schon vor impressionistischen Meisterwerken auf polierten Böden liegen und brüllen, die stechenden Blicke der Wärter in meinem Rücken. Aber auch hier fanden wir einen Mittelweg: Statt stundenlang durch endlose Säle zu schleichen und vor jedem Gemälde andächtig stehen zu bleiben, marschierten wir einmal zügig durch die wichtigste Etage. Die Kinder beschäftigten wir mit kleinen Suchaufträgen: »Schaut mal, ob ihr ein Pferd, einen Apfel oder eine große Blume auf einem Bild findet. Wer das zuerst findet, hat gewonnen!« Und wenn gar nichts half, bestachen wir die Jungs mit Lollis, die ich für Trotzanfälle und Museumsblockaden in der Handtasche hatte. Nicht pädagogisch wertvoll, aber hilfreich. Peter war glücklich. Er zeigte den Jungs ehemalige Piratenverstecke in der Tropfsteinhöhle, pieksende Kugelkakteen im Botanischen Garten, gruselige Flure in einem Kloster und abends konnte er Häkchen auf seiner Sehenswürdigkeiten-Liste machen. Ich genoss die Nachmittage auf der Terrasse und erkaufte mir mit neuen Spielautos, Bällen und Gießkannen eine Runde Lesen für mich allein. Unser letzter Sightseeing-Programmpunkt: die historische Eisenbahn, mit der wir durch das Tramuntanagebirge tuckerten. Benjamin und Moritz drückten sich die Nasen an den Fenstern platt, zählten Esel und sahen zum ersten Mal in ihrem Leben Olivenbäume. Zwar schafften wir es abends fast nie pünktlich zurück in die Finca und der Schlafrhythmus der Jungen kam völlig durcheinander. Aber was soll es? Es waren Ferien! Und für unsere Beziehung war diese Urlaubsart eine echt gute Idee.

Drei Sätze für die Tonne

× Kinderanimation im Hotel ist noch stressiger als die Kita!

× Erst das Seepferdchen, dann der Badeurlaub!

× Finger weg vom Schokobrunnen am Hotelbuffet! Sonst essen sie zu Hause nichts Gesundes mehr!

* Pop-up-Reisebetten für
  Kleinkinder bis maximal
  zwei Jahre sind praktisch,
  weil federleicht, in wenigen Minuten aufzubauen
  und auf Handgepäckgröße zusammenklappbar.
  Sie kosten etwa 50 bis 100 Euro. Es gibt sie von verschiedenen Herstellern, zum Beispiel von Deryan,
  Samsonite und Babybjörn.

make it easy!

* Vergessen Sie das Möhrchen bei langen Autofahr-
  ten nicht: Kleine Belohnungen wie Pommes an
  der nächsten Raststätte, ein neues Hörspiel, wenn
  die Hälfte der Strecke geschafft ist, und notfalls ein
  DVD-Player fürs Auto, den man an den Sitz klem-
  men kann, sind prima für die Familiennerven.

* Das gehört in die Urlaubs-Handtasche:
  - Ersatzschnuller
  - Kinder-Apps wie die von Fiete, dem gemalten
    Matrosen, der Memory spielt oder auf dem
    Bauernhof Äpfel einsammelt, Schafe schert und
    Kühe melkt. Für zwei bis fünf Jahre.
    www.fiete-app.com
  - Bestechungslollis
  - Wechselwäsche
  - Papiertoilettenüberzüge aus der Drogerie für die
    Kloschüssel an Raststätten
  - »Kritzelkarten« für unterwegs mit abwischba-
    rem Stift
  - Bundesliga-Stecktabelle für längere Cafépausen.
    Bestellbar online unter www.kicker.de

7

Mut zur Lücke ...
wenn Gäste kommen

Wir Mütter sind immer am Limit. Trotzdem reißen wir die Tür auf und präsentieren uns von unserer großzügigsten Seite, wenn sich Gäste ansagen. Tut uns das eigentlich gut oder überfordern wir uns damit? Wenn Sie mögen, schnappen Sie sich einen Stift und kreuzen die zutreffenden Antworten an. Die Anzahl der Symbole verrät Ihnen am Schluß, welcher Gastgebertyp Sie sind und wo Sie vielleicht doch noch Energie sparen könnten.

Fragebogen

1 Ihr Partner nullt. Welche Art von Geburtstagsfeier schlagen Sie ihm vor?

A Ich hoffe, dass der Kelch an mir vorüberzieht, und schnurre: »Schätzchen, was hältst du von einem Candle-Light-Dinner, nur du und ich?« 🧁

B Die fette Party bei uns in der Bude. Raucher auf den Balkon und Bässe ins Wohnzimmer. 🧦

C Ui, auf Vorbereitungen hab ich gerade wenig Nerv. Ich überrede ihn zu einer Sause mit den wichtigsten Kumpels in der Tapas-Bar. Wir schmeißen die Getränke, sein Essen zahlt jeder selbst. ✈

2 Ihre Mutter hat sich angekündigt. Wie findet sie Ihr Gästezimmer vor?

A Rosen auf dem Nachttisch, Handtücher und ihre Lieblingszeitschrift im Regal. Sie soll sich hundertprozentig wohlfühlen bei mir. 🧦

B Gar nicht! Um meine Mutter kann ich mich nicht auch noch kümmern. Ich täusche Magendarm vor und bin erleichtert, dass sie die Kröte schluckt. 🧁

C Ich kapier nicht, warum sie nicht anbietet, im Hotel zu wohnen. Seufz, dann beziehe ich halt die Schlafcouch und frage sie, ob sie am nächsten Tag mit den Kindern in den Zoo gehen mag. ✈

3 *Kurzer Rückblick in Ihre Kindheit. Welche Märchenfigur imponierte Ihnen besonders?*

A Schneewittchen! Die Frau hat sieben pingelige Männer in den Griff gekriegt und bittet sogar noch die Hausiererin auf einen Kaffee herein. Echt stress-resistente Person! 🥾

B Bei Aschenputtel kommen mir die Tränen. Wie die ihre fiese Stiefmutter und den feigen Vater ertragen hat und dann noch tonnenweise Linsen aus der Asche pulte. Chapeau! ✈

C Hm, am ehesten noch Dornröschen. Die hat ein-fach geschlafen, bis der Prinz kam. Schlau muss man sein! 🧁

4 *Jemand erzählt Ihnen, dass eine gemeinsame Freundin mit Infekt im Bett liegt. Ihre Reaktion?*

A Ich erinnere mich mit Grauen an meine letzte Grippe, halte Abstand, schicke aber eine tröstende SMS. 🧁

B In meinem Stress vergesse ich die Krankmeldung wieder, frage aber ein paar Tage später: Geht's dir besser oder brauchst du Hilfe? ✈

C Ich kaufe meine Lieblingshühnersuppe und bringe sie direkt vorbei. Vielleicht mag sie mir ja ihre Kin-der mitgeben. Kranksein ist Horror als Mutter. 🥾

5 *Sie planen Ihren Sommerurlaub in Spanien. Wo mieten Sie sich ein?*

A In einem schicken Hotel mit mindestens viereinhalb Sternen, Meerblick und Frühstücksbuffet mit frisch gepresstem O-Saft, Müsli-Auswahl und pikobello Bad. Geld spielt keine Rolle, lieber verzichte ich auf neue Schuhe. ➤

B Mit Oma und Opa oder befreundeten Familien in einer Ferienwohnung. Die Kinder spielen und wir relaxen. 🧦

C Wir fliegen seit Jahren in ein kleines Dorf, wo wir Ruhe haben und uns alles vertraut ist. 🧺

6 *Sie haben Ihre Freundinnen eingeladen. Alle sitzen schnatternd auf dem Sofa. Nur Maren zieht schweigend einen Flunsch, typisch! Was tun Sie?*

A Depri-Stimmung ist ansteckend, bloß weg. Aus sicherer Entfernung proste ich ihr zu und versuche kein schlechtes Gewissen zu haben, nur weil ich Spaß habe. 🧺

B Ich ziehe die alte Mufftante zum Buffet und lege ihr das dickste Stück Torte auf den Teller. Kalorien machen glücklich. 🧦

C Ich frage sie, ob alles okay ist. Dann lasse ich sie weiter schmollen. Maren liebt es, die Ärmste zu sein. ➤

7 Dem Nachbarskind schmeckt Ihre Lachsquiche nicht. Und nun?

A Oh, wie doof für den Kleinen. Ich flitze in die Küche und schmiere ihm schnell ein Nutella-brot. 🧦

B Kein Wunder, seine Mutter ist auch so krüsch. Dann muss er eben zu Hause essen. 🧀

C Versteh ich nicht, mag er keinen Fisch? Ich frage, ob ich ihm die Nudeln von gestern aufwärmen soll. ✈

8 Happy Kindergeburtstag! Fünf kleine Monster toben mit Würstchen in den Händen über Ihr graues Stoffsofa. Eine Sünde oder ganz egal?

A Ketchup auf meinem Sofa? Ich drehe durch! Sofort runter, das geht gar nicht, gespielt wird im Kinderzimmer und gegessen noch immer am Tisch. Den nächsten Geburtstag feiern wir in einem Indoor-Spielplatz oder im Zoo. ✈

B Ach, das ignoriere ich heute. Mein Motto des Tages: Hauptsache, die Stimmung ist ausgelassen! 🧦

C Ich probiere es diplomatisch und rufe: »Na, ihr Süßen, aber nicht alles vollschmieren!« Reagiert keiner, pflücke ich die Kinder einzeln herunter. 🧀

9 Womit knacken Sie bei der Vorbereitung auf Besuch den Rekord für die größte Zeitverschwendung?

A Mit allem. Besuch ist mein ständiger Anlass zur Jahressäuberung. 🧦

B Eindeutig im Bad. Ich ärgere mich, dass ich das Wochenende putzend verbringe, nur weil Besuch kommt. 🧺

C Ich räume die Wäscheständer ins Schlafzimmer, kaufe schnell noch Blumen und vertüddle meine Zeit am Ende mit Deko-Kleinkram. ✉️

10 Ihre ungeliebte Schwiegermutter übernachtet bei Ihnen. Morgens treffen Sie sich in Schlafanzügen im Badezimmer. Was denken Sie?

A Alter Falter! Hat sie diesen Schlafanzug selbst genäht? Ich will das nicht sehen. Das nächste Mal muss sie ins Hotel. Oder ich. ✉️

B Sie kann nichts dafür, aber mir ist das unfreiwillige Pyjama-Date zu intim. Fehlt nur noch, dass wir gemeinsam Zähne putzen. Ich murmle »Guten Morgen« und flüchte zurück in mein Schlafzimmer. 🧺

C Habe ich sie mit meinem Geschlurfe geweckt? Hoffentlich nicht. Ich frage, ob sie einen Kaffee will, und setze mich kurz zu ihr. Wenn wir schon mal wach sind … Augen zu und durch! 🧦

11 Was wünschen Sie sich am meisten von Ihrem Gast?

A Dass er bereit ist, auch mal mit anzupacken und sich nicht von vorne bis hinten bedienen lässt.

B Dass er nicht zu früh vor meiner Tür steht und ein Gespür dafür hat, dass ich mich zwischendurch in Ruhe um meine Familie kümmern möchte.

C Dass er Spaß hat und sich wohlfühlt bei mir.

Die Diagnose

Bei welchem Symbol haben Sie die meisten Kreuzchen gemacht?

Typ 1: Das Selbstlos-Syndrom

Symptome: Kündigt sich Besuch an, sind Sie sofort im Ausnahmezustand. Job, Kind, Yogakurs – alles muss zurückgestellt werden, Hauptsache, Ihr Gast fühlt sich wohl und schenkt Ihnen sein anerkennendes Lächeln. Es kann sogar sein, dass Sie einer ewig überarbeiteten Freundin spontan Ihr Gästezimmer anbieten, damit sie sich mal so richtig erholt. Der Haken ist nur: Jetzt müssen Sie Betten beziehen, Ihren Abendtermin verlegen und etwas Eindrucksvolles zu essen kochen. Genau so geht Stress.

Nebenwirkungen: Vorsicht! Nicht immer werden Ihre Freundschaftsdienste so wertgeschätzt, wie Sie es erwarten. Ihre Freunde sind es längst gewöhnt, bei Ehestreit oder Darmviren auf Ihre Gastfreundschaft zurückzugreifen, und mieten im Notfall auch die Schwester mit dem großen Hund mit ein. Als Dankeschön gibt es dann Arko-Schokolade. Sagen Sie selbst: Ist es das wert?

Tipp: Warum immer gleich so viel? Es reicht doch völlig, Bett, Tisch und Lieblingsfernsehplatz seinen absoluten Herzensmenschen anzubieten.

Typ 2: Das Perfektions-Syndrom

Ihr Alltag ist bis auf die Minute durchgeplant. Beruf, Haushalt, Kinder, Sport, Ehemann und kein bisschen Luft für Muße. Lädt sich auch noch die Familie oder die Busenfreundin ein, wollen Sie trotzdem nicht die Spießerin geben. Sie sagen: »Ja, klar, passt!«, und freuen sich auf das gesellige Glas Wein. Aber dann liegen Sie nachts wach, weil Sie nicht wissen, wie Sie auch noch die Gästebespaßung unter Ihren eh zu vollen Hut quetschen sollen. Statt zu schlafen, stehen Sie mit Herzrasen vor dem Familienkalender und machen neue Zeitpläne, Kochpläne, Putzpläne und Einkaufspläne.

Nebenwirkungen: Mit Ihrem Wunsch nach detaillierten Absprachen, ohne die es bei Ihrem Tagesprogramm nun mal nicht geht, setzen Sie Ihre Gäste möglicherweise unter Druck. Denn die sind in Freizeit- oder Urlaubsstimmung und legen sich nur ungern fest. Da sind Konflikte vorprogrammiert. Dass Sie charmant fragen, ob nicht jemand Lust hat, mit Ihnen Gurken und Karotten zu schnippeln, ist allerdings schlau und sinnvoll. Sie führen schließlich kein Hotel.

Tipp: Nicht so viel erklären, einfach weniger anbieten. Ein freundliches »Ja, aber nur eine Nacht, sonst wird mir das einfach zu viel« hat noch keine Freundschaft zerstört.

Typ 3: Das Stress-Syndrom

Übernachtungsbesuch kommt auf Ihrer persönlichen Beliebtheitsskala gleich hinter Piranhas und Pilzsuppe. Zu viel Nähe, zu viel Vorbereitungsstress, zu wenig Ruhe für Sie und Ihre Familie. Und das ist auch okay. Ihre Bude ist klein, Ihr Nervenkostüm dünn und Ihre Kinder sind zu jung für Klönschnack bis in die Nacht. Dass die lieben Kleinen am Morgen danach der Mama den Gefallen tun, bis zehn Uhr zu schlafen, bleibt ein schnöder Traum. Deshalb bremsen Sie Ihre besuchsfreudigen Freunde rechtzeitig und halten sich mit Übernachtungsangeboten konsequent zurück. Richtig so!

Nebenwirkungen: Sie schämen sich aber dennoch und halten sich für eine grottenschlechte Gastgeberin. Das sind Sie aber nicht. Fair zu sein mit jemandem, der zu Besuch kommen will, bedeutet, die eigenen Kräfte richtig einzuschätzen. Und es bedeutet auch, niemanden entnervt auf den Mond zu wünschen, der gerade in Ihrer Küche einen Cappuccino genießt. Solange der Ton stimmt, ist ein klares »leider nein« ein wichtiger Lebensbegleiter.

Tipp: Lassen Sie beim nächsten Telefonat dezent einfließen, dass Sie in den nächsten Monaten aus Kraftgründen keine Gäste empfangen werden, sich aber riesig über ein Wiedersehen im Café freuen, wenn der größte Stress vorüber ist.

Drei Sätze für die Tonne

ˣ Wer Übernachtungsbesuch hat, muss einmal täglich saugen!

ˣ Du kannst die Oma aber unmöglich ins Hotel schicken!

ˣ Bestell-Sushi ist viel zu unpersönlich für einen Abend mit Freunden!

* Für Gäste, die etwas länger bleiben, ist ein Zweitschlüssel eine gute Idee. Der kann als stille Botschaft verstanden werden: Du darfst kommen und gehen, wann du willst – und ich darf das auch!

* Keine Kraft für Konversation am Abend? Einen Stapel mit Filmen, die Sie gemeinsam gucken können, und einen noch größeren Stapel mit Zeitschriften im Wohnzimmer bereithalten.

* Ihre Kinder sind Frühaufsteher, Ihre Gäste Langschläfer und ein gemeinsames Frühstück ein Abstimmungskunststück? Abends das Müsli für jeden Gast in Schälchen vorbereiten und kühl stellen. So kann jeder frühstücken, wann er mag.

* Einfache Gerichte in großen Mengen vorkochen und einfrieren.

8

Mut zur Lücke ...
beim Fördern

Es muss ein Jahr nach meiner Einschulung gewesen
sein. Meine Eltern bestellten einen Klavier-
lehrer mit schwarzen Locken und braunen
Birkenstocksandalen zu uns nach Hause.
Er hieß Herr Schwarz, roch nach Tabak
und sollte mein musikalisches Talent
fördern. Als er in meiner ersten Klavier-
stunde meine rechte Hand nahm und sie auf
die Tasten setzte, was ich übergriffig fand, fiel mein Wel-
lensittich Hansi tot von der Stange. Es war kein gutes Omen.

Acht lange Jahre quälte ich mich an der Klaviatur, aber
das Anspruchsvollste, was mir je gelang, war ein zwei-
händiges »Stille Nacht«. Und weil ich es konnte, spielte
ich es das ganze Jahr hindurch. Meine Schwestern hass-
ten mich dafür.

Nun ist es so, dass Waldorfschul-Eltern ihren Ehrgeiz nicht in den Mathe-, Deutsch- und Fremdspra-

chenkenntnissen ihrer Kinder ausleben, sondern in den künstlerischen Bereichen, speziell der Musik. Gute Waldorfkinder beherrschen mindestens zwei Instrumente. Und weil ich auf die Waldorfschule ging, reichten Klavierstunden und ein bisschen Schulflöte bei Weitem nicht aus. Meine Klassenkameradinnen fiedelten schon erste Sonaten auf ihren Geigen, als mir dämmerte, dass ich mich für ein Instrument entscheiden sollte, das außer mir keiner beherrschte. So würde ich die Beste sein, ohne massive Anstrengungen unternehmen zu müssen.

Ich schlug meinen Eltern die Querflöte vor. Aber unser dörflicher Musikvereinsdirektor hatte nur eine Klarinettistin mit didaktischen Ambitionen an der Hand, und so wurde es die Klarinette. Jeden Freitag marschierte ich mit einem schwarzen Köfferchen in der Hand den Berg hinauf zur Dorf-Clara. Sie war noch jung, geschätzte 17, sprach tiefstes Badisch und versuchte mir beizubringen, wie ich meine widerwillig herausgepressten Töne in etwas Musikalisches verwandeln konnte. »Bam bam muscht spiele und net bä bä.« Ich kapierte es nicht. Ich übte nicht. Ich wäre durch die Prüfung für das bronzene Klarinettenabzeichen gerasselt, hätte ich den Prüfern nicht Kaugummi angeboten. »Da isch aba noch a wäng Luft nach obe, gell?« Mein Abzeichen bekam ich trotzdem.

Meine Eltern glaubten allen akustischen Demonstrationen zum Trotz an mein musikalisches Genie und weigerten sich, mich wegen Talentlosigkeit abzumelden. So war ich gezwungen, auf Plan B zurückzugreifen. Ich backte für meine Musiklehrer zu Weihnachten Plätzchen. Als meine Mutter kurz die Küche verließ, mischte ich kleingehackten Knoblauch, Fondor und Tabasco in den Teig. Später überreichte ich ihnen mit zitternden Knien meine Gaben in einem Tütchen mit Sternchenaufdruck. Ich wusste, dass ich etwas Schlimmes tat. Aber harte Zeiten verlangen nach harten Mitteln. Und nach den Weihnachtsferien fragte ich Herrn Schwarz und die Klarinetten-Clara, ob meine Plätzchen gut geschmeckt haben. »Ganz lecker«, sagten beide und da ahnte ich, dass alles umsonst gewesen war. Sie hatten sie weiterverschenkt.

Mein Sohn ist jetzt sieben. So alt wie ich am Anfang meiner Musiklaufbahn. Seine Freunde gehen zum Gitarrenunterricht, lernen Klavier oder Trommeln und singen im Chor. Ole hört und liest in seiner Freizeit die Storys vom Kleinen Nick, der sich am liebsten mit seinen Kumpels prügelt, kickt im Park, lässt seine Playmo-Männchen gegeneinander antreten oder kackt mit seinem Nachbarsfreund heimlich in die Bauarbeitertoilette, die bei uns in der Straße steht. Was man halt so macht mit sieben. Ich habe keine musikalischen Ambitionen bei Ole. Nicht mehr. Als er sechs Monate alt war, erzählte mir jemand, dass Mozartmusik die emotionale Intelligenz von Babys pushe, und auch wenn mein Mann die Augen verdrehte, dudelte bei uns eine Zeit lang beim Sonntagsbrunch die Zauberflöte im Hintergrund. Als Ole vier war, meldete ich ihn in der Musikschule an. Und direkt wieder ab, denn er hielt sich die Ohren zu oder rannte grölend durch den Raum und piekste die glockenhell singenden Mädchen in den Rücken.

Mit fünf meldete ich ihn in einem Intensivschwimmkurs an. Das Musische war leider nicht sein Ding, hatte ich kapiert, aber den ein oder anderen Sportpokal würde mir mein Sohn schon holen und mit etwas Geduld und der richtigen Schwimmlehrerin der früheste Seepferdchenabsolvent seiner Kita werden. Dann stand Ole zitternd vor Angst am Beckenrand. Die Lippen blau, die Augen wässrig. Aber haben wir nicht alle das Seepferdchen mit psychosomatischen Bauchschmerzen bestanden, frierend und weinend? Müssen unsere Kinder da nicht einfach durch? Drei Schwimmstunden lang saß ich neben dem Becken, tröstete und ermutigte mein verängstigtes Kind, während die anderen Eltern im Schwimmbad-Café hinter der Glasscheibe bei Latte Macchiato relaxten. Dann kam Tag vier und ich bat meinen Mann, diesen herzzerreißenden Job zu übernehmen: »Mach ihm diese uncharmante Schwimmlehrerin schmackhaft, dann wird das«, sagte ich voller Hoffnung. Und sie kamen abgemeldet wieder nach Hause. »Bei diesem Wasser-Admiral im Sams-Look muss er überhaupt nichts lernen! Lieber bringe ich es ihm selber bei«, schimpfte mein Mann. Das ist jetzt zwei Jahre her. Geschwommen wird bei uns seitdem in der Badewanne und im

Schwimmring. Aber ganz bald, das verspreche ich, starten wir noch mal einen Anlauf.

Machen wir uns nichts vor: Wir wollen das Beste für unser Kind. Aber wir wollen auch, dass unser Kind das Beste ist. Süß, sportlich und schlau, beliebt im Sandkasten und in der Schule, gelobt von der Oma weil es so gut mit Messer und Gabel umgehen kann. Manchmal übertreiben wir es halt ein bisschen. »Warum hast du deine Matheaufgaben nicht gemacht?« frage ich meinen Sohn mit strengem Ton. »Weil ich etwas Besseres zu tun hatte. Ich habe das Kettcar von Felix gesucht«, erklärt Ole. Das verschwundene Kettcar ist manchmal wichtiger als eine Rechenaufgabe. Und weil ich das im Grunde meines Herzens verstehe und meine frisch gekochte Erdbeermarmelade auch wichtiger finde als die Steuererklärung, ist es mit der elenden Förderei im Hause Wiebe erst mal vorbei. Soll er Spaß haben, soll er spielen, soll er glücklich sein. Dann bin ich es auch.

Drei Sätze für die Tonne

× Für Babyschwimmer ist das Seepferdchen später viel einfacher!

× Aber Flöte sollte sie schon können!

× Zwei Nachmittagskurse in der Woche sind doch nicht viel!

make it easy! Legen Sie doch mal eine Förderpause ein und lassen Sie Ihr Kind einfach spielen – ohne Programm, ohne Plan, ohne Ziel. Vielleicht braucht es ein bisschen, bis es sich einlassen kann. Aber meistens reichen schon eine Kiste Kapla-Steine (www.kapla-steine.de), das altbewährte Lego oder Bügelperlen und Sie werden versehentlich ein Mittagsschläfchen machen, weil es plötzlich so ruhig ist in der Bude. Wenn es sich dann endgültig ausgespielt hat, darf Mutti auch mal den Fernseher an- und die Gewissensbisse ausschalten. Diese Kinderfilme, allesamt auf DVD erhältlich, sind wirklich Balsam für die Seele:

Ab 4: Shaun, das Schaf; Wir Kinder von Bullerbü; Petzi

Ab 5: Caillou; Quatsch und die Nasenbärbande; Luzie, der Schrecken der Straße

Ab 6: Das Sams; Pippi Langstrumpf; Heidi

Ab 7: Der kleine Nick; Ein Pferd für Winky; Dschungelbuch

Ab 8: Die Teufelskicker; Das doppelte Lottchen; Belle und Sebastian

Ab 9: Rico, Oskar und die Tieferschatten; Flussfahrt mit Huhn; Pünktchen und Anton

Ab 10: Das fliegende Klassenzimmer; Bibi & Tina; Ronja Räubertochter

9

Mut zur Lücke ...
beim Anziehen

Gibt es Eltern, die noch kein einziges Mal am Rande eines Nervenzusammenbruchs standen, weil ihre Kinder eigenwillige bis irre Vorstellungen in Modefragen haben, auch im Sommer auf Strumpfhosen bestehen und beißen, schreien und kratzen, wenn man ihnen bei aggressiven Minusgraden gut gemeinte Schneeanzüge anziehen will? Die dreiköpfige Familie Müller aus Brühl kennt das sehr gut. Was sie am meisten stresst beim Thema Anziehen? Mama, Papa und Sohn wurden getrennt voneinander befragt.

Mama Valérie, 49: »Dass Kinderjeans fast nichts aushalten, nervt mich wahnsinnig. An den Knien scheuern sie durch, da muss mein Sohn nur einmal als Torwart aktiv sein. Raphaëls Hosenverbrauch schröpft meinen

Geldbeutel. Aber Flicken über die Risse nähen, so etwas fange ich in meinem Alter auch nicht mehr an.«

Papa Eckhard, 47: Furchtbar ist dieses Getrödel, ehe Pulli und Hose ordentlich sitzen. Dreimal sage ich freundlich: »Bitte, zieh dich jetzt an!« Aber es fliegen Legosteine durch die Luft, es wird gequasselt und nichts passiert.«

Sohn Raphaël, 6: Ich mag meine Superman-Strumpfhosen und mein Buzz-Lightyear-Kostüm aus dem Toy-Story-Film. Warum darf ich das nicht in der Kita anziehen? Obwohl es sauber ist? Das ist gemein!«

Fünf Klamotten, die fix gehen:

1. **Der Jumpsuit** aus Skandinavien: ein Strampelanzug für Große und Kleine, die perfekte Abhängklamotte für alle Jahreszeiten. Reinsteigen, Reißverschluss zu und fertig! Finden nicht nur Kinder gut. Online: www.onepiece.com oder www.zipups.com.
2. **Crocs** oder knöchelhohe Gummistiefel: Crocs sind schnallenlos, qiuetschbunt und niemals zu eng. www.crocs.de. Kurze Gummistiefel hat sich ein Kinderfreund ausgedacht: Nicht lange stochern und ziehen, einfach reinschlupfen und in Pfützen hopsen. Zu finden bei www.playshoes.de.
3. **Pumphosen:** Genug Platz für dicke Windelpakete, ein weiches Bündchen und gemütlich weite Ho-

senbeine. Viele Modelle wachsen mit. In allen Variationen bei www.dawanda.de bestellbar oder, falls Talent und Nähmaschine vorhanden, einfach selbermachen.

4. **Schlüttlis:** Pullover mit Druckknopfleiste an der rechten Vorderseite sind ein bequemer Mix aus Pulli und Jacke für kleine Schreihälse, die sofort streiken, wenn ihnen etwas über den Kopf gezogen wird. In Kinderläden und sämtlichen Babykleidung-Online-Shops bestellbar, zum Beispiel www.raeubersachen.de.

5. **Schlafsäcke mit Reißverschluss** an der Seite und Druckknöpfen oder Fußöffnungen: Beim nächtlichen Wickeln kommt man gut dran, das Kind bleibt auch am Oberkörper warm und kann weiterschlafen: www.schlummersack.de.

Fünf Klamotten, die Nerven kosten

1. **Kapuzenpullis für Babys.** Sehen cool aus, aber in der Liegeposition nervt ein geknülltes Etwas im Nacken.

2. **Daunen- oder Baumwollschlafsäcke,** die man nicht bei 60 Grad waschen darf. Nach einem einzigen Malheur au Cack sind sie im Eimer.

3. **Sandalen für Spielplatztage:** Nach einer Minute ist

der nackte Fuß eingesandet und das Kind brüllt. Ausziehen, ausleeren, wieder anziehen und schwupps, leider schon wieder ein Sandkorn zu viel drin. Lieber barfuß laufen lassen oder Sneakers mit Klettverschluss oder Reißverschluss an der Seite kaufen.

4. **Latzhosen mit Clipsträgern** oder ohne Knopfleisten im Schritt. Unpraktisch zum Wickeln und für Kinder schwer selbst zu öffnen.

5. **Wassersandalen mit Schnallen.** Für kleine Grobmotoriker die Hölle. Zum Glück gibt es Badeschuhe mit Klettverschluss, zum Beispiel von adidas, oder von Baby-Waltz zum Reinschlupfen.

Drei Sätze für die Tonne

× Kinderschuhe vom Flohmarkt ruinieren die Füße!

× Zwei verschiedene Socken sind nur was für Schlamper!

× In der Jogginghose gehst du aber nicht in die Schule!

* Das Halstuch, aus dem sich ein Stillschal wickeln lässt, ist praktisch, wenn Mutti im Café sitzt, Babyzwerg noch mal andocken will, aber der Typ vom Nebentisch schon wieder herüberstarrt. www.stillmania.de.

* Fädelschuhe sind aus angemaltem Holz, sehen lustig aus und mit den dicken Schnürsenkeln kann man viel besser Schleifen üben als am eigenen Turn-schuh: Fädelschuhe, bestellbar bei www.amazon.de.

* Die Tochter plärrt, weil sie nichts Passendes zum Anziehen in ihrem Kleiderschrank findet, und dabei ist sie erst drei? Glückwunsch! Wie Sie die kleine Fashionista trotzdem in ein stinknormales T-Shirt locken können: Ziehen Sie das gleiche Modell an, nur eben in Groß. Bei Graziela gibt es identische Apfel-Shirts für Kinder (2 bis 6 Jahre) und Eltern. www.bygraziela.com.

Mut zu Lücke ...
wenn die Schwiegermutter ruft

Franka Mayer, 35, deren Name hier
geändert wurde, um Familienzoff
zu vermeiden, hat Glück mit ihrem
Mann und ihren drei Kindern.
Aber Pech mit seiner Mutter. Die
bringt das verdammte »Ich akzeptiere
dich so, wie du bist« einfach nicht über die Lippen.

Sie sitzt auf der Bank vor einem Fußballplatz irgendwo im Norden Deutschlands und beobachtet ihren Sohn, der an orangenen Warnhütchen vorbeidribbelt. Franka will über ihre Schwiegermutter reden. Über die Frau, die sie irgendwie mitgeheiratet hat vor elf Jahren und an der sie sich seitdem abarbeitet. Bevor die Kinder kamen, herrschte nach größeren Konflikten oft monatelang Funkstille. »Jetzt gebe ich mir mehr Mühe mit ihr. Ich will einen guten Kontakt, damit meine Kinder ihre Oma nicht verlieren. Aber sie macht es mir so schwer, hält sich an keine Regeln und hängt mit der Nasenspitze in meinem Leben«, erzählt Franka. Vor den Enkeln meckert die Schwiegermutter über die pedantische Mama, die es mit der Sauberkeit und dem Süßigkeitenverbot völlig übertreibe. Und wenn sie zu Besuch kommt und ein Kind beim Abendbrottisch die Wurst verweigert und auf Marmelade besteht, verdreht sie die Augen. Ihre Kinder hatten solche Allüren nämlich nicht. Dass Frankas Kinder allesamt erst mit drei Jahren windelfrei wurden, empfindet sie fast schon als Provokation. »Da hast du wohl den richtigen Zeitpunkt verpasst«, stichelt sie gerne.

»Meine Kinder haben ihre schlechten Eigenschaften, dieses entsetzlich Laute und Polternde, wie sie es nennt, natürlich von mir geerbt, findet sie, und erzählt das auch gnadenlos überall herum«, sagt Franka. »Dass die Lästereien wieder bei uns ankommen, kümmert sie nicht. Sie ist die Oma, sie denkt, sie darf das.«

Mit ihren roten Wuschelhaaren, den grünen Augen und den Sommersprossen auf der Nase sieht die Fünfunddreißigjährige aus wie eine erwachsene Pippi Langstrumpf. »Nur leider nicht halb so mutig«, sagt sie und lacht. Es klingt ein bisschen gequält.

Seit Jahren fliegt Franka wie ein Schmetterling um ihre Schwiegermutter herum und versucht, sie zufriedenzustellen – mit kleinen Aufmerksamkeiten, sehr viel Toleranz und höflichen Anrufen. »Ich backe Kuchen, den sie zu süß oder zu trocken findet. Ich schenke ihr mit meinem Mann einen Goldschmiedekurs zum Geburtstag, den sie am Ende verpasst. Ich fahre meine Kinder in den Süden, damit sie die Enkel sehen kann. Ich verzichte auf entspannte Weihnachten, um sie nicht allein in ihrem großen Haus hocken zu lassen.« Dank gibt es dafür nicht. »Und wenn sie den Kindern etwas schenkt, dann kommt es direkt vom Flohmarkt. Dabei hat sie eine ganz gute Beamtenpension.«

Die Schwiegermutter hat sich anscheinend einen anderen Frauentyp für ihren Sohn vorgestellt, vermutet Franka. Die Karrierefrau und nicht die Hausfrau, die den Lehrerinnenberuf für die Kinder zurückstellt. »Dass mein Mann oft mit Augenrändern rumläuft, liegt ihrer Einschätzung nach daran, dass ich ihn zu drei Kindern gezwungen habe.« Die Enttäuschung und der Schmerz über die Ablehnung sitzen tief bei Franka. »Du machst einfach zu viel für sie«, vermuten ihre Freundinnen. »Sie weiß es nicht zu schätzen, sie muss selbst nichts tun, sie kann sich bedienen lassen.« Für Franka liegt das Problem aber noch woanders. »Ich komme immer wieder an den Punkt, an dem ich mich frage, warum es mir überhaupt so wichtig ist, von jemandem Anerkennung zu bekommen, den ich nicht mal mag.« Warum der ganze Aufwand? Warum so viel? »Ich frage mich auch, ob ich das wirklich nur für meine Kinder tue. Brauchen Kinder überhaupt ständige Besuche bei einer Oma, die vor ihnen über die Mutter lästert? Oder ist mein Wunsch nach Bullerbü, nach heilen Bilderbuchszenarien à la Oma liest Enkeln aus dem Märchenbuch vor, nicht die eigentliche Motivation hinter meinen Anstrengungen? Und dann noch mein Bedürfnis, jedem zu gefallen?«

Franka atmet durch. »Wir werden sicherlich nie an Weihnachten voller Zuneigung gemeinsam unter dem Tannenbaum sitzen, also kann ich den ganzen Aktionismus auch runterfahren und meine Kräfte schonen.« Sie zieht ihr Handy aus der Tasche und zeigt ein Foto. Drei blonde Kinder sitzen neben einer älteren Frau auf dem Sofa und schauen gebannt auf den Fernseher. »Sie parkt die Kinder vor der Glotze, obwohl sie weiß, dass wir das nicht wollen und sie sich nur ein paar Stunden kümmern müsste. Und ich versuche selbst bei Kinderkrankheiten den Fernseher zu umgehen und sie irgendwie mit Basteln, Hörspielen und Vorlesen zu beschäftigen.« Die Besuche im Süden kosten Franka viel Überwindung. »Und trotzdem fahre ich hin. Weil ich denke, dass sich das so gehört. Sie ist immerhin die Oma.«

Sie steckt ihr Handy ein und schaut zu ihrem Sohn, der mit roten Wangen über den Platz rennt. »Ja, ich will gelobt werden und alles richtig machen. Und meine Schwiegermutter weiß das und nutzt es aus.« Schon mit ihren missbilligenden Blicken animiert sie Franka zu immer neuen Höchstleistungen. Ihre Kritik an den Tischmanieren der Enkel, den frechen Widerworten, den unaufgeräumten Kinderzimmern ist immer auch ein Ansporn für Franka.

Zum siebzigsten Geburtstag backte sie eine Schwarz-
wälder-Kirschtorte, übte mit den Kindern ein Gedicht
ein und organisierte die Großfamilie zum Profifotogra-
fen. »Meine Schwiegermutter nahm alles ungerührt

zur Kenntnis. Als wäre ich das Per-
sonal, als wäre es selbstverständlich. Am Abend saß ich zu
Hause heulend auf dem Sofa,
fix und fertig. Eine Freundin
schickte mir eine SMS: ›Siehst
du im Moor die Schwiegermutter winken, winke zurück und lass
sie sinken.‹ Ich musste lachen: Aber mir
wurde auch bewusst, wie absurd die Situation ist, wie
ich mich seit Jahren abkämpfe und doch niemals das
Lob bekomme, das ich gerne hätte.«

Am Abend nach der Geburtstagsfeier sprach sie mit
ihrem Mann über das, was seit Jahren schiefläuft. Sie
sind sich einig: Es muss Schluss sein mit den regelmä-
ßigen Pflichttreffen, mit Torten, Hefezöpfen und aufwendigen Geburtstagsgeschenken. Künftig wollen sie
die Kinder fragen, ob sie überhaupt zur Oma fahren
möchten. »So scharf sind die gar nicht auf meine Mutter, der Impuls kommt oft von dir«, sagt Frankas Mann.
Franka will künftig frei entscheiden, ob ihr ein Treffen
zeitlich passt oder nicht. Und wenn Oma herkommen
mag und Franka einverstanden ist, kann sie in einem
Hotel in der Nähe wohnen und nicht mehr im eilig zu-
rechtgemachten Arbeitszimmer. Seit diesem Gespräch
läuft es besser.

Als Franka abends in der Badewanne liegt, fühlt sie sich, als wären Steinbrocken von ihren Schultern gefallen. »Meine Sehnsucht nach Anerkennung kann ich so schnell nicht abschütteln. Aber ich kann meine Beziehung zu meiner Schwiegermutter neu überdenken und überprüfen, ob ich mich mit dem Kontakt noch wohlfühle. Bevor ich das nächste Mal für sie backe, Auto fahre oder einen Zoonachmittag organisiere, werde ich innehalten und mich fragen, ob es mir dabei auch gut geht.«

Als Franka einige Wochen später am Telefon erklärt, dass ihr der Wunschbesuchstermin der Schwiegermutter leider nicht passt, sie aber gerne gemeinsam nach einem alternativen Termin suchen können, reagiert die alte Dame barsch: »Dann bin ich ausgeladen?« Franka bleibt gelassen. »Nein, aber von nun an entscheide ich mit.«

Drei Sätze für die Tonne

× Für die Kindererziehung sind Großeltern unverzichtbar!

× Deine Mutter wird schon noch merken, was sie an mir hat!

× Meine Kinder waren viel früher sauber!

make it easy!

Schwiegereltern
+ Kinderbücher
= Ruhe!
Deshalb lohnt sich diese Anschaffung für Eltern: eine Kiste voll fröhlicher Kinderbücher für Babys bis Zehnjährige. Kaufen, zu Oma und Opa bringen und erst wieder mitnehmen, wenn sie ausgelesen sind.

Ab 1: Christine Denk: *Mein großes Spielbuch*; Sabine Cuno: *Mein erstes großes Bauernhof-Fühlbuch*; Soledad Bravi: *Piep, piep, piep: das Buch der Geräusche*.

Ab 2: Wolfgang Metzger: *Mein erstes Baustellenbuch*; Barbro Lindgren: *Max und der Schnuller*; Ana Weller: *Ich bin das kleine Küken*.

Ab 3: Tomi Ungerer: *Der Mondmann*; Elsa Beskow: *Hänschen im Blaubeerwald*; Lars Klinting: *Kasimir backt*.

Ab 4: Carl Johan De Geer & Jan Lööf: *Oscars Autos*; Astrid Lindgren: *Lotta zieht um*; Steven Kellogg: *Malwine in der Badewanne*.

Ab 5: Gudrun Mebs: *Oma, schreit der Frieder!*; Christine Nöstlinger: *Alles vom Franz und seinen Freunden*; Irina Korschunow: *Der Findefuchs*.

Ab 6: Astrid Lindgren: *Karlsson vom Dach*; Astrid Lindgren: *Madita*; Enid Blyton: *Der Zauberwald*.

Ab 7: Uwe Timm: *Rennschwein Rudi Rüssel*;
Goscinny Sempé: *Der kleine Nick*;
Dagmar Geisler: *Wandas erste Schulgeschichten*.

Ab 8: David Henry Wilson: *Jeremy James oder Elefanten sitzen nicht auf Autos*;
Paul Maar: *Herr Bello und das blaue Wunder*;
Alice Pantermüller und Daniela Kohl: *Lotta-Leben*.

Ab 9: Erich Kästner: *Das doppelte Lottchen*;
Otfried Preußler: *Der Räuber Hotzenplotz*;
Gudrun Mebs: *Das Sonntagskind*.

Ab 10: Maurice Druon: *Tistou mit den grünen Daumen*;
Juma Kliebenstein: *Der Tag, an dem ich cool wurde*;
Milena Baisch: *Anton macht's klar*.

11

Mut zur Lücke ...
in der Weihnachtszeit

Katharina Gerarts, 31, ist die Mutter von Emilia, 6, und Lisann, 3, und arbeitet mit 70 Prozent in einer Führungsposition. Promoviert hat sie auch. Multitalent? Bestimmt. Aber der Grund, dass alles rund läuft bei den Gerarts, liegt woanders: Sie geben Arbeit ab. Katharina erzählt, wie das geht.

Ein Hexenhaus aus Lebkuchen backen? Würde ich ja gerne, kann ich wahrscheinlich auch, aber kriege ich definitiv nicht noch reingequetscht in meinen Terminkalender. Erst recht nicht im stressigen Dezember. Ich kaufe Dominosteine, baue sie zu einem Minihäuschen zusammen, lasse meine Töchter Smarties draufkleben und fertig ist das Hexenhaus. Seit ich Mutter bin, mache ich viele kleine Abstriche. Eigentlich überall und erst recht in der Weihnachtszeit. Weil es anders nicht geht. Wenn mir ein Ritual ganz, ganz wichtig ist, zum Beispiel eine brennende Kerze auf dem Esstisch oder selbst gebastelte Sterne an unseren Fenstern, dann mache ich in anderen Bereichen einen Kompromiss mehr. So koche ich unter der Woche fast gar nicht. Weil mein Mann mittags in der Kantine und die Kinder in der Kita warm essen, leidet niemand darunter, wenn es am Abend nur Brot gibt.

Backen wir am Wochenende Plätzchen, läuft das in der Schmalspurversion ab: Ich rühre nur die halbe Portion Teig an, damit ich nicht noch eine Stunde allein weiterbacke, wenn sich die Kinder längst ins Spielzimmer verabschiedet haben. Es gibt auch nur eine Sorte bei uns, nämlich stinknormale Butterplätzchen mit bunten Streuseln drauf. Meinen Kindern geht es vor allem darum, zusammen mit Mama und Papa Teig auszustechen, sich heimlich etwas in den Mund zu stopfen und ein bisschen rumzumatschen. Wir haben nicht mehr den Ehrgeiz, tütenweise Plätzchen für Omas und Nachbarn zu backen. Und nur die Mehlberge unter dem Tisch fegen wir im Anschluss weg. Für die Grundreinigung kommt unsere Putzhilfe. Liegen bis dahin noch ein paar rosa Herzchen und Sternchen aus Zucker in den Ecken, kann ich trotzdem gut schlafen.

Beim ersten Kind hatte ich den Anspruch, die Küche morgens und abends picobello zu hinterlassen. Inzwischen weiß ich, dass mir einfach Zeit und Kraft fehlen für das perfekte Putzprogramm. Ich bin froh, dass regelmäßig ein netter Mann zum Saubermachen kommt.

Ich bin gerne Mutter, aber ich arbeite auch gerne. Als Kindheitsforscherin leite ich ein kleines Forschungsinstitut. Mein Mann hat einen Vollzeitjob. Nach der Arbeit wollen wir beide möglichst wenig Zeit im Haushalt verschwenden. Deshalb kommt neben unserer Reinigungshilfe einmal die Woche eine Haushaltshilfe. Sie kümmert sich um die Kids, das Chaos und um die Küche, während ich arbeite. Alle Haushaltsaufgaben, die dann noch übrig bleiben, teilen sich mein Mann und ich. Er ist der Boss über die Wäsche. Ich zwinge mich dazu, nicht zu meckern, wenn er es auf seine Männerart tut, also kiloweise Pullis und Hosen hintereinander wegwäscht, aber erst dann, wenn der Wäschekorb überquillt. Ich würde kontinuierlicher waschen. Aber wir haben die Regel: Jeder erledigt seine Aufgaben so, wie es sich für ihn gut anfühlt.

Zu meinem Bereich gehört die Weihnachtsdeko. Den Adventskalender bastle ich nicht jedes Jahr neu, sondern hänge immer wieder dieselben Säckchen auf. Meinen Kindern tut das Vertraute gut. Ich stöbere auch nicht stundenlang in Spielzeugläden nach witzigem Kleinkram, der nach zwei Tagen in den Spielkisten verschwindet. In die meisten Säckchen stecke ich ein kleines Schokoladenteil. Darüber freuen sie sich riesig.

Was bei uns wegen unserer zeitaufwendigen Berufe im Dezember nicht mehr geht: spontane Ausflüge auf den Weihnachtsmarkt. Klar, ist es schön, wenn die Kinder Karussell fahren und wir an der Rampe stehen und winken. Sie fänden es auch toll, wenn wir abends noch mal kurz rausgehen für eine Schlittenpartie. Aber ich schaffe es meistens nicht mehr. Der Schlitten steht im Keller und muss rausgekramt werden, die Kinder brauchen Schneeanzüge, das dauert ewig. Bis wir fertig sind, ist Abendbrotzeit. Wir verlagern diese Art von Spaßprogramm in der Regel auf das Wochenende und bleiben unter der Woche im Winter abends zu Hause und machen es uns gemütlich. Ich brauche nicht jeden Tag Programm.

Die Weihnachtstage sind bei uns schön, aber einfach. Heiligabend feiern wir zu viert in unserer Wohnung und bewirten keine Gäste. Mein Mann und ich kochen ein unkompliziertes, aber leckeres Essen. Keinen Fisch, keine Gans, sondern Schweinefilet mit Kroketten und Gemüse und eine gute Rindfleischbrühe vorneweg. Zum Nachtisch gibt es Schokocreme, die ich schon vormittags vorbereitet habe und nur noch aus dem Kühlschrank holen muss. Am zweiten Weihnachtstag besuchen wir die Großeltern. Für die Kinder ist das ein Highlight und für uns ein runder Abschluss der Weihnachtszeit.

Drei Sätze für die Tonne

× Wenn wir deine Eltern besuchen, müssen wir auch zu meinen fahren!

× Geschenke aus dem Internet sind weniger persönlich!

× Ohne Drei-Gänge-Menü kein richtiges Weihnachten!

* **Ist Geld auf dem Konto:** Last-Minute-Flug buchen auf die immer warmen Kanarischen Inseln, nach Thailand oder Jamaika. Zu den Großeltern sagen: »Dass wir die Feiertage für eine Auszeit in der Sonne nutzen, könnt ihr bestimmt verstehen und freut euch für uns.«

* **Ist kein Geld auf dem Konto:** Schon im Herbst das Gerücht streuen, dass die Küche über Weihnachten geschlossen bleibt. Oder die Gastgeberrolle tauschen: »Liebe Oma, lieber Opa, jahrelang sind wir zu euch gefahren und das war schön. Dieses Jahr dürft ihr mit dem Zug zu uns kommen. Wir spendieren euch ein Taxi vom Bahnhof bis zu unserer Haustür.« So sparen Sie sich den Fahrstress und die Übernachtung im alten Kinderzimmer.

* **Für gemütliche Vorlesestunden:**
Für Kinder ab 2: Rotraut Susanne Berner: *Karlchen freut sich auf Weihnachten.*
Für Kinder ab 4: Astrid Lindgren: *Weihnachten mit Astrid Lindgren.*
Für Kinder ab 6: Gunhild Sehlin: *Marias kleiner Esel und die Flucht nach Ägypten.*

12

Mut zur Lücke ...
bei Beziehungskrisen

Kaum ist das Kind da, regen wir uns unter Schlaf- und Freizeitentzug über die kleinsten Macken des Partners auf und kriseln uns von einem Zoff zum nächsten. Zeit für ein paar rückblickende Beziehungsfragen an meinen Mann Nils Wiebe.

Silia: Unser Sohn ist jetzt sieben. Welche Phase war für dich der Härtetest unserer Ehe?

Nils: Ganz klar die ersten zwei Jahre mit Kind. Wir stritten gefühlt den ganzen Tag darüber, wer sich mehr abrackert und erschöpfter sein darf. Kam ich erledigt aus dem Job und hoffte auf Verständnis und Mitgefühl, bekam ich von dir einen Vortrag über die Strapazen beim Einkaufen, Essenkochen, den Magendarminfekt Betreuen. Mit der unterschwelligen Botschaft, dass ich mir den ganzen Stress als berufstätiger Mann ohnehin nicht vorstellen könne.

Seine Stimme klingt schon fast wieder vorwurfsvoll, selbst vier Jahre später ist die Anspannung von damals sofort wieder spürbar. Dabei sind wir erst am Anfang der Fragestunde. Aber Papa zu werden macht eben die härtesten Kerle empfindlich. Sie sorgen sich in ungeahntem Ausmaß um die Familie und um ihr Einkommen, auf das während der Elternzeit auch die Partnerin angewiesen ist, und um die Gesundheit ihrer Kinder.

Silia: Du konntest dir wirklich nicht vorstellen, was ich zu Hause alles leiste und wie gewöhnungsbedürftig es ist, plötzlich kein eigenes Geld mehr zu verdienen. Ich hätte einfach noch mehr warme Worte von dir gebraucht für die ganze Haushaltsplackerei. Du hast kurz nach Oles Geburt wieder gearbeitet. Dein Alltag lief ziemlich normal weiter. Ich dagegen musste das tun, was ich immer gehasst habe: putzen, einkaufen und aufräumen. Trotzdem sah unsere Wohnung abends furchtbar aus, das gebe ich zu. Manchmal hätte ich heulen können. Nicht wegen der vollen Wäschekörbe, sondern weil ich keine Ahnung hatte, wie es nach der Elternzeit beruflich für mich weitergeht. Mein alter Job in Vollzeit ging mit Kind nicht mehr, das hätte für Ole zehn Stunden Kita pro Tag bedeutet. Das wollten wir alle drei nicht. Nur was dann? Du konntest mir auch keinen neuen Job aus dem Hut zaubern. Aber es hätte gut getan, etwas zu hören wie: »Du Arme, wie beängstigend. Aber super, dass du das Wohl von Ole im Blick hast!« Oder: »Wow, woher weißt du, wie man Pastinakenbrei kocht?«

Nils: Wer sich zu Hause um das Kind kümmert, muss halt auch den Großteil des Haushalts schmeißen. Ich hätte gerne mehr als nur zwei Monate Elternzeit genommen. Aber du wolltest keinen Monat herausrücken. Werde ich von dir gelobt, weil ich den Müll runterbringe oder den Fahrradschlauch repariere und bis mindestens achtzehn Uhr in der Klinik Dienste schiebe, obwohl ich Ole dann nur noch eine Stunde mitkriege? Weil ich sofort mit ihm Fußballspielen gehe, kaum bin ich zu Hause? Wir haben uns in den ersten zwei Jahren nach Oles Geburt nichts geschenkt. Wir mussten unsere Rollen in der Dreierkonstellation erst finden.

Silia: Mich hat wahnsinnig gemacht, dass du nachts auf Teamarbeit bestanden hast. Warst du dran mit Wickeln und Füttern, kam garantiert ein Hilferuf: »Wo ist ein sauberer Strampler? Hilf mir mal, die Fläschchen abzukochen!« Ich lag wütend im Bett und dachte: Na, toll, dann hätte ich es gleich alleine machen können.

Nils: Zu zweit geht es doch schneller und du warst trainierter im Hochgeschwindigkeitswickeln.

Unfassbar! So viel wertvolle Familienzeit verzofften wir damals über dieses Thema und sogar jetzt kommt mir mein Mann mit den alten Argumenten. Und ich leider auch:

Silia: Es macht aber keinen Sinn, wenn am nächsten Tag beide übernächtigt sind. Es ist doch viel schlauer, wenn jeder mal durchschlafen kann.

Nils: Ja, ich kapiere langsam. Zumal du schwer zu ertragen bist, wenn du unter Schlafentzug leidest. Dann ist dir alles zu laut. Deshalb lasse ich dich am Wochenende ausschlafen und übernehme die Frühschicht. Ich habe drei Jahre gebraucht, um zu verstehen, dass wir beide von deiner blendenden Laune nach ausreichend Schlaf profitieren. Dafür brauche ich meinen Sport, um Stress abzubauen. Du schickst mich zwei Mal die Woche boxen, joggen oder klettern und managst solange alles andere. Zum Glück fiel irgendwann der Groschen: Gesteht jeder dem anderen seine Bedürfnisse zu, bekommt er als Lohn einen entspannteren Partner.

Silia: Für Ole taten mir unsere Kämpfe furchtbar leid. Wir sind beide impulsiv, sagen sofort, was wir denken, und mussten erst lernen, unseren Ärger mal auf die Aussprache am späten Abend zu verschieben, wenn Ole nicht mithört.

Nils: Oder die Küchentür zu schließen und dann weiterzudiskutieren. Findest du, dass wir das inzwischen gut hinkriegen?

Silia: Zumindest besser als am Anfang. Seit diesem historischen Krach an Silvester. Ole saß auf deinen Schultern und hielt sich die Ohren zu. Wir waren auf dem Heimweg von einer Silvesterparty und ich war sauer, weil du der Gastgeberin uncharmant signalisiert hattest, wie blöd du ihr Gesellschaftsspiel fandest. Du hattest Nachtdienst in der Klinik gehabt, kaum geschlafen und keinen Nerv, mit fremden Leuten irgendwelche Spiele zu spielen. Du wolltest dich unterhalten und etwas essen. Das ging schief. Alle Paare knutschten sich dann ins neue Jahr und wir stritten. Ich wusste, dass wir unserem Kind gerade zu viel zumuten. Aber nach diesem Krach wurde es besser. Ein Mallorca-Urlaub zu zweit hat uns wieder in die Spur gebracht. Heute können wir schon noch laut und aufbrausend werden, aber unsere Streitkultur hat sich deutlich entspannt. Gut finde ich, dass du mich mal zehn Minuten alleine lässt, wenn ich auf hundertachtzig bin, und darauf vertraust, dass wir den Konflikt später in Ruhe klären. Und immerhin: Wir haben Ole beigebracht, dass Streit nichts über den Grad der Liebe aussagt. Ich würde dich sofort wieder heiraten!

Nils: Oh ja, ich dich auch!

Drei Sätze für die Tonne

* Jeder Elternstreit traumatisiert die Kinderseele!

* Hausfrauen brauchen keine Putzhilfe!

* Ein gemeinsames Familienfrühstück am Wochenende ist wichtiger als wechselseitiges Ausschlafen der Eltern!

make it easy!

* Er kauft Milch und sie kauft auch Milch und beide kommen gestresst nach Hause? Das muss nicht sein. Mit der Einkaufs-App für Paare kann man sich prima abstimmen: http://buymeapie.com.

* Lust auf eine Paar-Auszeit in der Natur mit Kindern, aber ohne Stress? Wie wäre es mit einem Familienhotel im Allgäu inklusive Eltern-Wellness (Wandern, Sauna, Massagen) und Kinderbespaßung (Werkstatt, kreatives Bühnenprogramm, Zwergenreich)? www.allgaeuer-berghof.de.

* Spätestens am Tag nach der Geburt Ihres Babys sollten Sie sich hoch und heilig schwören, mindestens einen Abend im Monat der Liebe zu widmen. Der Liebe zu Ihrem Partner! Wie findet man einen passenden Babysitter? Plan A: Die erwachsenen Nachbarstöchter, Paten, Omas und Schwiegermuttis fragen oder eine Rundmail an den Bekanntenkreis schicken mit der Bitte um Tipps. Plan B: Babysitter-Agenturen im Netz finden, wie beispielsweise die überregionale Agentur Mary Poppins (www.agenturmarypoppins.de). Für 20 bis 30 Euro monatliche Zusatzkosten neben mindestens 8,50 Euro Stundenlohn bekommen Sie auf Herz und Nieren geprüfte Pädagogikstudentinnen oder Erzieherinnen in der Ausbildung, die zu Ihren Zeitplänen und finanziellen Vorstellungen passen.

13

Mut zur Lücke ... wenn dem Kind etwas fehlt

Was denken unsere Babys von uns, wenn sie uns mit Schweißperlen auf der Stirn in PEKiP-Räumen hocken sehen? Was denken sie, wenn wir sie im ersten Lebensjahr zum Zahnarzt schleppen für die Kariesprophylaxe, obwohl erst zwei Zähne zu sehen sind? Was denken sie über Logopädie, Ergotherapie und Bioresonanztherapie? Zeit, sich in eines dieser klugen Kinderköpfchen reinzudenken ...

Liebe Mama,

du musst mich schon sehr lieben, denn du bist eine Grobmotorikerin und hast drei Wochenenden damit zugebracht, mich in ein Nemo-Fischkostüm zu nähen.

Damit ich beim Kita-Fasching die Niedlichste von allen bin. Ich fiel ziemlich aus dem Rahmen. Mein Kostüm war echt dick und als ich mal musste, blieb ich in der Toilettentür stecken. Aber fangen wir von vorne an. Als ich mit sechs Monaten auf dem Popo über das Parkett rutschte, fand ich das irre praktisch. Ich konnte dir durch die Räume folgen und dabei noch Klopsi, meinen Teddy, in der Hand halten. Du hättest vor Stolz auf dein Multitasking-Baby platzen können. Aber du warst besorgt. »Warum krabbelt sie nicht wie alle anderen Kinder, da stimmt doch was nicht«, sagtest du auf dem Sofa zu Papa. Huch, dachte ich, was hat sie denn?

Dann gingst du googeln, obwohl jeder weiß, dass man in beunruhigtem Zustand niemals googeln sollte. Du fandest ein paar Sätze in einem Mutti-Forum, die alle deine Ängste befeuerten. »Kleine Kinder, die das Krabbeln verweigern und ausschließlich Poporutschen, sollten Krankengymnastik bekommen«, stand da. »Weil ihre rechte und linke Gehirnhälfte sonst nicht adäquat miteinander vernetzt werden, was sich später auf ihre Schulleistungen auswirken kann.« Damit hatten wir den Salat. Du zeigtest Papa voller Sorge die Online-Diagnose, aber Papa, mein Held, der lachte nur. »Lies so einen Quatsch nicht! Unser Kind findet Poporutschen halt bequemer. Vielleicht läuft sie irgendwann direkt los und spart sich das Gekrabbel ganz.

Vertrauen wir ihr.« Ich hätte ihn küssen können, denn ich war gegen weitere Fördermaßnahmen.

Du hattest mich bereits zur Babymassage und zum PEKiP mitgenommen. Ich musste mit nackten Kollegen in überheizten Räumen über den Boden kugeln und du, die Schweißperlen auf der Stirn, sahst auch nicht gerade aus, als würdest du Spaß dabei haben. Versteh mich nicht falsch: Mütter-Networking per Babykurs ist eine prima Erfindung. Ihr Mamis und Papis könnt euch austauschen und kommt mal raus aus der Bude. Aber die Rechnung geht nicht auf, wenn Eltern sich zum PEKiP stressen, nur weil sie meinen, sie müssten den Kontakt zu ihren Kindern vertiefen oder ihren Babys ermöglichen, sich als Nackedei intensiver selbst zu erleben.

Beim Babyschwimmen waren wir auch, natürlich. Weil Kleinkinder, die an Babyschwimmkursen teilnehmen, angeblich kontaktfreudiger und selbstbewusster werden. So stand es auf der Schwimmkurs-Homepage. Dabei ist es doch eine ziemlich dreiste Werbelüge zu behaupten, dass allen Babys lauwarmgepinkeltes Chlorwasser Spaß macht.

Zweieinhalb Jahre später kam deine nächste Sorgenwelle. Ausgelöst durch eine mini Normabweichung. Ich war inzwischen drei Jahre alt und stellte mir beim Pieschern vor, in unser Klo zu plumpsen und für immer im düsteren Abflussrohr zu verschwinden. Also beschloss ich, nie mehr alleine auf der Toilette zu sitzen. Sicher ist sicher. Ich gebe zu, ich dramatisierte etwas. Ich brüllte, schmiss mich auf den Boden und strampelte mit den Beinen, wenn ich mal musste. Ich tat wirklich alles, um meine Angst für dich sichtbar zu machen. Von meinen Freunden Anton, Marie und Noni wusste ich, dass auch sie nicht mehr alleine auf dem Klo sitzen wollen. Ihre Eltern fanden das nicht dramatisch. Sie setzten sich einfach daneben, kauften Klositzverkleinerungen oder schauten sich zusammen das Bilderbuch »Juli und das Monster« an. Denn Juli traut sich auf den letzten Seiten, dem gruseligen Klo-Monster auf den Kopf zu pieseln. Aber du, meine Mama, hattest sofort wieder den panischen Blick und, schwups, saß ich mit Bioresonanztherapie-Lederbändern um Arme und Beine bei einer Heilpraktikerin. Das komische Pendel schlug aus, ich bekam Kügelchen gegen Klo-Angst und du massenhaft Ratschläge. Zu Hause gab es wieder Krisentalk mit Papa. Warum das Kind bloß so ängstlich sei, fragtest du mit aufgerissenen Augen. Papa grinste. »Schau dir die Mama an, dann weißt du Bescheid.« Ich glaube, dass Papa mir an diesem Abend zum zweiten Mal den Therapeuten ersparte. Und irgendwann, da waren die Kügelchen schon lange alle, hatte ich das unheimliche Abflussrohr vergessen.

Dann kam die Logopädie-Phase. Zwei Therapien zogst du mit mir durch, bei Frau Summser war ich vier Jahre alt, bei Frau Lukas fünf. Ich pustete rosa Wattebollen über den Tisch und zischte Sch-sch-sch-die Eisenbahn. Es war okay. Aber was für ein Stress für dich! Die Fahrerei! Die elende Wartezeit! Das Drumherum-Geplane! Und alles nur, weil meine Kita-Erzieherin gesagt hatte: »Die Pia nuschelt, habt ihr mal über Logopädie nachgedacht?«

Müttern ein schlechtes Gewissen zu machen, muss ziemlich einfach sein. Du dachtest sofort, dass dir etwas Entscheidendes in meiner Entwicklung entgangen sei und schon am nächsten Tag saßen

wir beim Kinderarzt. Der läutete mit einem Glöckchen hinter mir herum und ich musste erkennen, aus welcher Richtung das Gebimmel kam. War easy, meine Ohren funktionieren einwandfrei. Den Logopädie-Schein gab es trotzdem. Zur sprachlichen Unterstützung, nachdem du den Arzt bequatscht hattest.

Das nächste Problem kam mit der Kita-Läuseplage. Die anderen Mütter hängten einfach die Jacken ihrer Kinder in Plastiktüten an den Haken und ließen fünfe grade sein. Du nahmst dir zwei Tage Urlaub. Zwei Tage Urlaub wegen potenzieller Läusegefahr, denn noch hatte es mich nicht erwischt. Und alles nur aus Liebe zu mir, damit mir Gejucke und Gewasche erspart bliebe. Ich kam zu Hause in Quarantäne und dein Chef flippte aus. »Sie können nicht arbeiten, weil irgendein fremdes Kita-Kind Läuse hat?«, giftete er ins Telefon. Ich erinnere mich sehr gut an dein verheultes Gesicht. Auch bei Rotznase, Husten oder Einschlafproblemen durfte ich zu Hause bleiben. Du spieltest mit mir UNO und telefoniertest nebenbei mit Kunden. Deine Stimme wurde ganz hoch und fiepig vor Anspannung. Und abends gab es Zoff mit Papa, weil dir plötzlich alles zu viel war. Papa verstand nicht, warum du dich immer so aufopfern musst. Ich bekam nämlich keine Läuse und mein Schnupfen wurde auch keine Grippe.

Als ich mit fünf Jahren tatsächlich zu stottern anfing, hatten wir beide schon die Überdosis Logopädie intus. Aber es half nichts, erstmals brauchte ich wirklich Hilfe und so fuhren wir jeden Mittwoch zu einer anthroposophischen Chirophonetik-Therapie. Wow, das war fantastisch. Ich wurde massiert von einer lustigen Frau Peters, sie sang, rezitierte Gedichte und erzählte wunderschöne Geschichten, es roch nach Lavendelöl und du musstest so lange draußen spazierengehen. Wir fuhren anderthalb Stunden hin und anderthalb Stunden zurück. Sechs Monate lang. Der wilde Mix aus Massagen und stimulierenden Klängen tat mir gut. Meine Sprache wurde flüssiger. Außerdem sammelte die Therapeutin Kronkorken für mich und ich liebe Kronkorken. Papa klebt sie immer auf Magnete und dann verschönern wir mit ihnen unseren Kühlschrank. Aber du sankst an den Mittwochabenden erschöpft auf das Sofa und das tat mir ganz schön leid.

Ach ja, und dann fand die Schulärztin bei diesen unsäglichen Einschulungstests heraus, dass ich grottenschlecht im Dreiecke-Zeichnen bin. Dreiecke sind mein Alptraum. Ich male Männchen, die einen Pullermann haben und mehr als zehn Finger, ich male Autos mit Nummernschildern, aber ich mag keine Dreiecke. Sie empfahl Ergotherapie und ich war auf das Schlimmste gefasst. Da hörte ich dich sagen: »Nein, kommt nicht infrage! Die Pia ist total übertherapiert, weil ich mich ständig sorge und ihr zu wenig vertraue. Man kann doch nicht jedes Defizit oder besser gesagt, jede Eigenart, wegtherapieren. Mein Kind braucht schöne Momente, alles andere findet sich.« Dann gingen wir nach Hause.

Danke für dein Vertrauen, liebste Mama, das gibt mir mehr Power als sämtliche Therapeuten zusammen. Ich schwöre dir, man kommt auch ohne Dreieck durchs Leben.

Drei Sätze für die Tonne

× Ein krankes Kind braucht die Mama und nicht den Papa!

× Nur Rabenmütter geben ihren Kindern Antibiotika!

× Ergotherapie schadet nie!

* Liebe Mamis und Papis, dürfen Sie notfalls im Home-office arbeiten, wenn Ihr Kind über Nacht krank wird und die Arbeit trotzdem nicht aufgeschoben werden kann? Dann hilft Ihnen eine gut vorbereitete Notfall-Kiste mit bunten Perlen, Malbüchern, Lego-Set, Schminkpuppe, Auto-Puzzle oder Hörbüchern, die Sie bloß noch aus dem Regal holen müssen.

* Trifft Sie der Infekt völlig unvorbereitet und Ihr Kind streckt seine Rotznase schon gelangweilt auf Ihren Schreibtisch, dann wäre die kostenlose Kinderhörbuch-Homepage auf www.ohrka.de eine gute Idee. Hier gibt's tolle Geschichten vom *Dschungelbuch* bis zu *Ole Goldfuß*.

* Von zu Hause aus arbeiten geht nicht? Dann hilft Eltern in Berlin, Hamburg, Frankfurt und Düssel-dorf geschultes Pflegepersonal, das man kurz-fristig für kranke Kids buchen kann unter www.notfallmamas.de. Die Pädagogen oder auch Kran-kenschwestern kommen zu Ihnen nach Hause und betreuen Ihr Kind in seiner gewohnten Umgebung. Für kleine Münchner ist dieser Service buchbar unter www.zu-hause-gesund-werden.de. Eltern von kranken Kindern unter anderem in Köln und Koblenz finden Hilfe unter www.koeln.kinderbetreuung.biz.

14

Mut zur Lücke ... bei der Vereinbarung von Job und Kids

Wir Mütter wollen arbeiten und müssen es meistens auch. Das Geld für Miete, Essen und Kleidung fällt nicht vom Haselreisstrauch. Also suchen wir tolle Kitas und Schulen, damit unsere Kinder von liebevollen Erziehern betreut werden. Abends sind wir am Limit und fragen uns, ob wir den Kindern nicht zu viel zugemutet haben. Professor Dr. Una Röhr-Sendlmeier vom Institut für Psychologie an der Universität Bonn hat 2014 eine Studie über »die Sicht und die Zufriedenheit der Kinder im Kontext von Erwerbstätigkeit und berufsbezogenen Schuldgefühlen ihrer Eltern« begleitet. Grund genug für einen Anruf bei der viel beschäftigten Wissenschaftlerin – und Mutter.

Sie haben untersucht, wie Kinder die Berufstätigkeit ihrer Eltern empfinden. Heraus kam, dass fast 80 Prozent der Grundschulkinder ganz zufrieden damit sind, dass ihre Eltern arbeiten. Hat Sie das überrascht?

Nein, überhaupt nicht. Schon aus Vorstudien wusste ich, dass gerade Kinder berufstätiger Eltern eine gleichberechtigte Vorstellung von dem Erwachsenenleben haben. Kinder wissen aus den Medien, dass auch Frauen Kommissarinnen werden oder Autorennen fahren und Männer ganz selbstverständlich die Spülmaschine ausräumen. Dass beide Elternteile arbeiten, ist für viele Kinder ganz normal. Zwei Einkommen ermöglichen ja auch tolle Urlaube und Taschengeld.

Aber viele berufstätige Mütter plagen sich mit schlechtem Gewissen herum, weil ihre Kinder bis in den Nachmittag in der Kita sitzen. Sie fragen sich, ob es nicht zu laut und zu stressig in den Gruppenräumen ist mit Menschen, die für ihre Fürsorglichkeit bezahlt werden.

Ein schlechtes Gewissen ist nur dann berechtigt, wenn die Kinder während der Arbeitszeit der Eltern keine liebevollen Erzieherinnen haben, bei denen sie sich auch anlehnen können und die Möglichkeit haben, sich für einen Moment in eine ruhige Ecke zurückzuziehen. Es gibt auch tolle Großmütter oder Kinderfrauen, die für ein paar Stunden in der Woche die Eltern gut ersetzen können. Außerdem können Eltern dafür sorgen, dass ihre Kinder mal von einer befreundeten Familie nach Schule oder Kita mitgenommen werden, die früher Feierabend macht. Wichtig ist vor allem, dass Eltern regelmäßig ganz für die Kinder da sind. Das Problem ist also nicht die Berufstätigkeit, sondern dass in Deutschland noch immer das alte Klischee in den Köpfen steckt, dass berufstätige Mütter ihre Familien vernachlässigen.

Vor allem die Frauen selbst denken, dass die Familie unter ihrem Job leidet.
Es gibt eine Reihe von Studien, die zeigen, dass Mütter zufrieden sind, wenn sie einen Beruf ausüben und damit einen Ausgleich zum Haushaltsprogramm haben. Außerdem sind berufstätige Mütter viel geschulter darin, Kompromisse einzugehen und ihrem Umfeld nicht einfach ihre Vorstellungen aufzudrücken. Davon profitiert auch die Familie. Kinder leiden nicht darunter, dass ihre Mütter am Schreibtisch sitzen oder an der Kasse. Sie leiden aber, wenn sie spüren, dass ihre Eltern ständig unzufrieden sind, weil sie ein schlechtes Gewissen haben und/oder sich dauernd sorgen.

Das Problem ist also nicht die Berufstätigkeit, sondern die übertrieben sorgenvolle Haltung?
Zum großen Teil: ja. Wenn wir vor unseren Kindern immer wieder klagen, dass wir so gestresst sind vom Job und deshalb keine Kraft mehr haben, Lego zu spielen oder etwas Leckeres zu kochen, dann vermitteln wir natürlich ein sehr negatives Berufsbild. Sinnvoller wäre es doch vorzuleben, dass der Beruf eine lebens-

wichtige und erfüllende Aufgabe ist und die unange-
nehmen Rahmenbedingungen wie das pünktliche Er-
scheinen morgens oder die zuverlässige Anwesenheit
ganz selbstverständlich dazugehören. Sobald Kinder in
die Schule kommen, wird dasselbe von ihnen erwartet.

Warum leiden Väter nicht so sehr unter Schuldgefühlen?
Ich erkläre es mit einem szenischen Bild: Balanciert ein
Dreijähriger auf einer Mauer, rutscht aus und schlägt
sich das Knie auf, denkt der typische Vater: »Mist, he-
runtergefallen! Jetzt pusten wir mal und suchen ein
Pflaster.« Viele Mütter denken hingegen: »Wie konnte
mir das passieren, ich hätte ihn besser festhalten müssen, das arme Kind!« Frauen beziehen Probleme schnell
auf sich und entwickeln dadurch Schuldgefühle. Natürlich haben auch viele engagierte Männer ein schlechtes
Gewissen, weil sie so spät nach Hause kommen. Aber
die meisten würden anders als Mütter nicht gleich denken, dass sie deswegen schlechte Väter sind.

Drei Sätze für die Tonne

× Aber du musst doch gar nicht
  arbeiten!

× Wir sollten uns unbedingt
  mehr einbringen in der Kita!

× Wozu bekommt man Kinder, wenn
  man sie fremdbetreuen lässt!

* Es muss gar nicht der ganz
  große Karriereplan sein.
  Viele Eltern wollen einfach mit oder trotz Kind
  arbeiten, Geld für Miete
  und Essen verdienen und
  Spaß haben an ihren Jobs.

Mehr nicht. Aber auch nicht weniger. Wie das mit
der gleichberechtigten Zusammenarbeit von Mama
und Papa zu Hause und bei der Berufsplanung
klappen kann und warum gleiche Rechte für beide
alle Anstrengungen wert sind, erzählen die Autoren
und Neu-Eltern Stefanie Lohaus und Tobias Scholz
in diesem Buch: *Papa kann auch stillen.* Goldmann
Verlag 2015.

* Kleine Planänderung, die alle entstresst: Einen Tag
  in der Woche übernimmt der Papa die morgendli-
  che Kinderbetreuung mit Wecken, Anziehen und
  Frühstück-Zubereiten. Die Mama verlässt das Haus,
  während alle noch schlafen. Dafür erscheint sie
  rekordverdächtig zeitig am Arbeitsplatz und kann
  ungewohnt früh Feierabend machen. Die gewon-
  nene Zeit nutzt sie mit bestem Gewissen für Sport,
  Yoga, Sofa oder einen erholsamen und wohl-
  verdienten späten Mittagsschlaf.

15

Mut zur Lücke ...
beim Kindergeburtstag

Helden in Märchen sind meistens weiblich und ordnen sich als stille und passive Jungfrauen, Ehefrauen und Mütter den Wünschen der anderen unter. Die Heldin in diesem Kapitel tut das auch, sonst wäre sie ja keine anständige Märchenfigur. Aber dann kapiert sie, wie bestusst das ständige Sich-Aufopfern und Verzichten ist. Aber lesen Sie selbst ...

Es war einmal eine königliche Perfektionistin. Die verspürte große Liebe zu ihrem einzigen Kind. So las sie ihm jeden Wunsch von den Augen ab. Kein Verzicht war ihr zu groß, keine Nachtschicht zu lang. Und es trug sich zu, dass der dritte Geburtstag der kleinen Nachwuchsprinzessin bevorstand. Da sprach die gute Mutter: »Dieses Jahr werde ich mich selbst übertreffen und mein Kind noch glücklicher machen als jemals zuvor!« Sie kaufte von ihren wenigen schwer erarbeiteten Talern das pinkste und TÜV-geprüfteste Laufrad, das sie finden konnte. »Oha«, sagte ihr Königsgemahl da und wiegte sein grau meliertes Haupt. »Muss es denn wirklich das teuerste sein?« Da lächelte die Königin der Perfektion und sprach: »Ja, denn es soll das schönste sein!«

Und sie fuhr fort, auf die selbst gemalten Einladungskarten für die große Feier kleine Feenflügel zu zeichnen. Sie schmückte den üppigen Geschenketisch mit Blüten aus dem Garten und Marienkäfern aus feinster Leysieffer-Schokolade. Sie hängte rosa Girlanden und rosa Luftballons an die Zimmerdecke. Sie ward müder und erschöpfter, aber bis spät in den Abend stand sie in der Küche und backte eine zweistöckige Geburtstagstorte. Es sollte die größte sein, die jemals im Ort gesehen ward. Da fielen ihr beinahe die Augen zu und auch ihr treuer Mann schlummerte längst tief und fest.

Doch die Königin der Perfektion knetete aus Marzipan nach Mitternacht noch eine zierliche Meerjungfrau, die endlich ganz oben auf der Torte den ihr gebührenden Platz fand. Und als ihre Glieder schon anfingen zu schmerzen, da bereitete sie sich vor für die große Prüfung, die es am kommenden Tag zu bestehen galt. Denn aus sorgsam ausgewählten Süßigkeiten, winzigen Lillifee-Spiegeln, Prinzessinnen-Tattoos und Sternschnuppen-Fensterbildern stellte sie kleine Give-away-Tütchen zusammen, so wunderbar und einzigartig, dass den Gästen ihrer Tochter keine Wünsche offen bleiben würden. Nur wenn am Tag nach dem großen Fest mindestens sieben Mütter und Väter berichten würden, dass es die schönste Geburtstagsfeier mit den wunderbarsten Give-aways im ganzen Ort gewesen sei, nur dann würde ihr Herz vor Freude hopsen und die Prüfung wäre bestanden.

Und so geschah es, dass sie am nächsten Tag ein rauschendes Fest feierten und die kleine Geburtstagsprinzessin sich von ganzem Herzen über die Schokoladenkäfer und das neue Laufrad freute. Mit der filigranen Meerjungfrau aus Marzipan, ihren zahlreichen Gästen, die von nah und fern angereist kamen, all den Geschenken und der aufwendigen Deko wusste sie hingegen wenig anzufangen. Sie drückte sich ihre kleinen Hände gegen die Ohren, denn es ging recht laut zu im vollgestopften Kinderzimmer. Die Königin aber trank einen goldenen Becher voll beruhigenden Lavendeltees, lief so schnell ihre zarten Füße sie trugen von einem Gastkind zum nächsten und versuchte zugleich im Kinderzimmer und im Wohnzimmer zu sein. Sie schob die Pommes in den Ofen, während der Kaffeevollautomat das fünfzehnte Getränk für die lieben Muttis ausspuckte, die spontan dageblieben waren.

Kaum dass sie sich unbeobachtet wähnte, warf die Königin einen sehnsüchtigen Blick auf die große Wanduhr, zählte geschwind die Minuten bis zum Abend und wischte sich den Schweiß von der hochwohlgeborenen Stirn.

Als die Prinzessin abends erschöpft eingeschlafen und es mit einem Mal ganz still geworden war,

saß die Königin nachdenklich am Küchentisch und schwieg. Sie dachte an den Prunk, den Lärm und die kleine Meerjungfrau, die niemand bemerkt hatte. Ihr königlicher Gemahl massierte ihr liebevoll und ergeben den Nacken und sprach: »Du hast es gut gemeint, aber es war ein bisschen viel.« Da wischte sich die Königin der Perfektion ein kleines Tränchen von der Wange und murmelte leise: »Ach …« Sie sammelte die leeren Latte-Macchiato-Gläser ein, nahm die Girlanden von der Decke, fegte die Kekskrümel vom Sofa, stellte die kaum gegessene Torte auf den Balkon und stapelte die kostbaren Geschenke im Wohnzimmer zu einem hohen Turm. Denn die Regale und Schränke der kleinen Geburtstagsprinzessin waren bis zum Rand mit kostbarsten Spielsachen gefüllt.

»Wir werden anbauen müssen«, sprach sie und lächelte tapfer. Und wie der König das hörte, erwiderte er sanft: »Liebe Frau, unser geliebtes Kind hat mit seinen drei Jahren mehr Bücher im Schrank, als wir beide jemals selbst besaßen, und wenn wir sie weiterhin glücklich machen wollen, sollten wir weniger Mottopartys feiern und sie nicht mehr so zuballern mit teurem Kram, sonst dreht sie uns irgendwann durch!«

Da erschrak die gute Frau über die ehrlichen Worte ihres Mannes, denn sie hatte aus Liebe gehandelt und war so erschöpft von den großen Anstrengungen der vergangenen Tage, dass sie sich nun auf einem Sessel niederließ und bitterlich zu weinen anfing. Denn tief in ihrem Herzen wusste sie längst, dass Superlative gar nicht unbedingt glücklich machen.

Ihr treuer Gemahl aber sprach: »Ich sehe mit Bestürzung, dass du weinst. Es rührt mein Herz zutiefst, wenn dich meine Worte gekränkt haben. Aber ich weiß uns einen guten Rat. Zum vierten Geburtstag unserer wunderbaren Prinzessin nehme auch ich mir frei, backe den Geburtstagskuchen, aber dann üben wir uns beide in Verzicht und Bescheidenheit und schenken unserem Kind von Herzen, was es am meisten begehrt: glückliche und tiefenentspannte Eltern. Du wirst sehen, sie wird noch zufriedener sein als jemals zuvor.« Und so geschah es.

Als am nächsten Tag die Mütter der kleinen Geburtstagsgäste anriefen und die Feier zur größten, schönsten und prächtigsten erklärten, da lächelte die Königin der Perfektion nur und dachte bei sich: »Ja, es war groß und glanzvoll, aber nun weiß ich, dass ich mit kleineren Gesten und weniger Prunk meinen inneren Frieden finde. Denn was nutzt mir das Lob und die Anerkennung anderer Menschen, wenn ich selbst nicht zufrieden bin mit mir und es immer noch höher, schneller und weiter geht?« Sie fasste sich ein Herz und gelobte innere Bescheidenheit. Seit diesem Tag fühlt sich ihr Alltag viel leichter an.

Und wenn sie nicht gestorben sind, dann leben sie noch heute.

Drei Sätze für die Tonne

× Kinder freuen sich am meisten über einen Motto-Geburtstags-kuchen!

× Wir müssen unbedingt noch die Nachbarskinder einladen!

× Ich muss schnell aufräumen, sonst kriegt mein Mann die Krise, wenn er in das Geburts-tagschaos kommt!

* Kinderspielzeug ist teuer und vieles landet nach der ersten Begeiste-rung unten in der Kiste. Wie gut, dass man Autos, Trommeln, Kugelbahnen und Co. auch ausleihen, umtauschen und zurückschicken kann für etwa 5 bis 29 Euro pro Monat – je nach Spielzeugmenge. www.meinespielzeugkiste.de.

* Für das unkomplizierte Give-away gehen am Kin-dergeburtstag auch ganz banale Butterbrottüten. Einfach die Namen der Gäste draufschreiben und fünf verschiedenen Süßigkeiten reinpacken. Fertig!

* Ihr Kind tobt, brüllt und weint weil Sie die ersehnte Motto-Party boykottieren? Im Online-shop Tambini (www.tambini.de) bekommen Sie liebevoll zusammengestellte Motto-Boxen von Einladungskarten bis zur Mitgebseltüte für Geburtstagskinder von drei bis zehn Jahren. Wenn schon, dann wenigstens stressfrei.

16

Mut zur Lücke ...
beim Wohnen

Sie besitzen kein Haus mit großem Garten, Sandkasten und Schaukel für die Kurzen? Sie können keine spontanen Gartenpartys geben? Sie müssen auf einen Familienhund, sogar auf eine Katze verzichten, weil der pingelige Vermieter Kratzspuren auf dem Parkett fürchtet? Ui, dann gehören Sie zu den 42 Prozent aller Eltern in Deutschland, die zu arm, zu bequem oder zu cool und freiheitsliebend sind, um sich eine eigene Immobilie ans Bein zu binden.

Schnöder Mieter zu sein ist aber viel besser, als Sie denken. Denn auch das Eigenheim im grünen Hintertupfingen und das abzustotternde Reihenhaus in der Vorstadt haben ihre Tücken. Wer sich sein halbes Leben mit der ollen Zippe hinter der Hecke streiten oder täglich kostbare Zeit in die Fahrt zum städtischen Arbeitsplatz investieren muss, hat auch sein Päckchen zu tragen. Wie sagt meine Freundin Stephi: »Unter jedem Dach wohnt ein Ach!« Ein besonders lautes und existenzielles Wohn-Ach findet man bei Familien, die neben Schlafentzug, Stillproblemen und Kita-Verweigerung auch noch eine handfeste Baustelle in den Griff kriegen müssen. Weil sie ein Haus bauen. Denn wer sich monatelang über matte oder glänzende Fliesen, Einhebelarmaturen, Dispersionsfarben und geschlossene Wangentreppen Gedanken machen muss, kippt irgendwann nervlich aus der Kurve. Ein Hausbau ist die Hölle! Vor allem, wenn Kinder da sind, die keine Rücksicht nehmen können auf baustellenbedingte Ehekrisen.

Nehmen wir meine Freundin Anna. Anna baute nicht selbst, sondern ließ renovieren, und trotzdem wurde aus der belastbaren zweifachen Mutter in Führungsposition ein nervliches Wrack. Anna heißt auch eigentlich anders, aber ich nenne sie aus Diskretion Anna, weil ich keine einzige Anna kenne, die sich ein Haus kaufte, bevor sie es von innen gesehen hatte. Und das kam so: Ihr Mann Carl sehnte sich nach einem Eigenheim mit Garten. »Ich will mein Fahrrad reparieren, während die Kinder draußen spielen. Ich will Türen knallen können, ohne dass jemand mit dem Besen gegen die Decke klopft«, erklärt er. Weil Anna das auch wollte, schauten sie sich massenhaft Häuser an. Und fanden nichts. Zu teuer, zu sehr Pampa, zu sanierungsbedürftig, keine Nachbarn oder die falschen, marodes Dach, grottenhässlich oder spießig. Auf einer Immobilien-Homepage entdeckten sie schließlich ein feines

Haus in bester Hamburger Lage mit riesigem Garten ohne Maklerprovision, das zwangsversteigert werden sollte. Der Haken: Bei Zwangsversteigerungen kauft man die Katze im Sack. Man bekommt vor dem Kauf bis auf den Grundriss und das Wertgutachten des Architekten nichts zu sehen. Weder Küche noch Bad, weder Keller noch Garten.

Liebe Leserinnen, Sie müssen keine Prophetin der Finsternis sein, um sich ausmalen zu können, wie schief so etwas laufen kann.

Anna und Carl atmeten ein paar Mal sehr tief durch und dann trauten sie sich. Mut zur Lücke kombiniert mit einem Schuss Zwangsoptimismus. Sie gaben das Höchstgebot ab und drei Monate später schlossen sie hochverschuldet und mit zittrigen Händen die Haustür auf. Ihre Haustür. Dann stolperten sie in ihr neues Leben als Hausbesitzer. Und fanden überrascht in sämtlichen Räumen vom Keller bis zum Dach unverhoffte Grüße der Vorbesitzer. Uralte Schallplatten, Schnapsflaschen, Schulzeugnisse, Pornohefte, Videokassetten, Fotokalender und Fahrradreifen. Aber die dickste Überraschung wartete im hinteren Garten. Dort stand eine überdimensionale, heruntergekommene Swimmingpool-Konstruktion mit verschlossenem Dach. »Wir waren platt. Wir starrten das braune Monstrum an und wussten nicht, ob wir weinen oder lachen sollten«, sagt Anna. Und die Vorbesitzer, die ihr Haus nicht freiwillig verlassen hatten, rückten den Schlüssel trotz demütiger Bittbriefe nicht raus. »Wenigstens können wir behaupten, dass wir ein Haus mit Pool gekauft haben«, trösteten sich Anna und Carl.

Ein halbes Jahr lang frühstückten, spielten und kochten Anna, Carl und die Kinder, während Handwerker klopften, sägten und Wände strichen. Fenster, Türen, Lampen und Toiletten mussten raus und neue rein. Sie stockten ihren Kredit nochmal auf und ihre Liebe bekam ein paar Gebrauchsspuren mehr. Als endlich auch die alten Treppenteppiche rausgerissen und erste Beete angelegt waren, wurde aus dem Haus-Schnäppchen ein Zuhause.

»Es gab Tage, da konnte ich mir nicht mal vorstellen, dass wir irgendwann ohne Farbeimer am Boden, Handwerker-Radio und laute Klopfgeräusche allein zu Abend essen«, sagt Anna. »Der erste Tag zu viert im eigenen Haus fühlte sich an wie Strandurlaub auf den Malediven.«

Heute dürfen die Kinder lärmen, durch den Garten flitzen und mit ihren Bobby Cars über das Parkett bollern, ohne dass jemand schimpft.

Warum ich trotzdem nicht mit Anna und Carl tauschen möchte? Weil mich eine halbe Million Miese auf dem Konto stressen würden. Und weil ich Keller hasse, selbst die ohne Schimmel. Und weil ich die unbeschwerten Nachmittage in unserem Gemeinschaftsgarten liebe. Ja, ich genieße es, zumindest in diesem Bereich keinen Finger krümmen zu müssen und die Verantwortung für das Rasenmähen, Heckeschneiden und Hauswandweißen abzugeben. Hängematte statt Gartenarbeit. Allerdings haben wir auch großes Glück mit den Hausbewohnern. Vorbei die Zeiten, in denen mich die Untermieterin zu einem Schuh-Lautstärketest zwang, weil meine Schritte bei ihr Migräne auslösten. Während also die golfspielende Maya unten in ihrer Single-Bude notierte, welche meiner Schuhe am lautesten dröhnten, musste ich oben nacheinander mit Flipflops, Sandalen, Hausschuhen, Turnschuhen, Stiefeln und schließlich barfuß über das hellhörige Altbauparkett marschieren. Testsieger waren die Flipflops! Von da an trug ich sie drinnen zu allen Jahreszeiten. Im Winter notgedrungen mit Strümpfen.

Heute, zehn Jahre später, würde ich Maya die Flipflops um die Ohren hauen und nur noch darüber verhandeln, ob Bauklötze auf einem teppichfreien Zimmerboden eine gute Idee sind. Einen Hauch Adaptionsfähigkeit an kleine Kinder darf man von Unter- und Übermietern schon verlangen, finde ich. Sofern man im Gegenzug Hauspartys, Klaviergeklimper und Blumenkränze mit Tüdelütt an Wohnungstüren toleriert. Bei uns klappt das ziemlich gut. Wir babysitten untereinander, nehmen Pakete füreinander an, vererben uns unsere Zeitschriften. Einer repariert den Roller, der andere fährt die Hasen zum Tierarzt und im Sommer sitzt eigentlich immer jemand im Garten und hat ein Stück Melone übrig.

Nur weil sich Kinder ankündigen, muss noch lange kein Eigenheim her. Spielt mein Sohn mit seinen Freunden aus den Nachbarwohnungen, ist Bullerbü in Hamburg ziemlich greifbar. Und Besitzer sind wir fast alle nicht.

Drei Sätze für die Tonne

× Ein Eigenheim ist günstiger als eine Mietwohnung!

× Schatz, wir müssen den Rasen mähen, die Nachbarn gucken schon!

× Kinder brauchen einen Garten und kein Spielplatz-Hopping!

make it easy!

* Babys und Kleinkinder interessieren sich praktischerweise nicht für schick designte Kindermöbel, Eichhörnchentapeten und Piratenlampen. Das bedeutet, dass Flohmarktschnäppchen in der Familiengründungsphase völlig ausreichend sind. Cool finden es Kinder aber, wenn niemand einen hysterischen Anfall kriegt bei spontaner Kotzeritis oder zerbröselten Keksen auf dem Sofa. Da lohnt sich die finanzielle Investition in einen waschbaren Bezug oder einen pipifesten Sesselüberwurf.

* Sie renovieren gerade im großen Stil oder bauen selbst? Schonen Sie Ihre Nerven und die Liebe zu Ihrem Partner mit einem konsequent eingehaltenen Bau-Themen-Break während der Abendessen.

* Sie träumen von einem eigenen Haus, aber Ihr Kontostand ist entmutigend? Nicht weinen! Der Autor Louis Espinassous zeigt in seinem Ratgeber *Hütten von Kindern selbst gebaut*, Ökobuch-Verlag, wie Sie und Ihr Nachwuchs (ab 7 Jahre) dem Glück im Eigenheim ein bisschen näher kommen. Sie müssen sich nur ein paar Zweige, Schnee oder Bretter schnappen und sich an eine seiner zwanzig Hüttenkreationen wagen. Vom Spielhäuschen über das Iglu bis hin zu Waldverstecken ist alles dabei. Mut zum Traumhaus-Selfie!

17

Mut zur Lücke ... beim Familienleben mit kleinen Kindern

Julia Gottschalk, 36, wünschte sich ein Geschwisterchen für Mia, 3, und bekam die Drillinge Max, Janne und Juna, die gerade ihren  *ersten Geburtstag feierten. Was Mama Julia seitdem zieml. gut kann: Die Selbstoptimierung aufweichen und sich einf. mal locker machen.*

Eigentlich habe ich einen Hang zur Perfektion und verschiebe den Abwasch, das Fingernägelschneiden der Kinder und das Aufräumprozedere nur im größten Notfall auf den nächsten Morgen. Mit Drillingen ist aber immer größter Notfall. Ich wäre längst wahnsinnig geworden, wenn ich mich nicht von zeitfressenden Erziehungstheorien und dem ganzen Mama-Perfektionismus verabschiedet hätte. Seit vier Kleinkinder bei uns herumspringen, muss alles unkompliziert laufen. Zum Beispiel das Aufräumen. Abends fehlt mir die Kraft, noch stundenlang auf dem Boden herumzurutschen und Lego von Duplo zu trennen. Bei uns landen Autos, Bauklötze und Stofftiere in großen Kisten. Kisten finde ich super! Sie sind praktischer als Regale und Schubladensysteme, lassen sich schneller ein- und wieder ausräumen. Würde ich Mias Perlenketten in ein Schmuckkästchen und ihre Haarreifen in eine Kosmetiktasche sortieren, hätte ich keine halbe Stunde mehr mit meinem Mann auf der Couch. Mein Kistensystem hilft mir auch bei der Urlaubsvorbereitung. Wir haben eine Schwimmsachen-Kiste, eine Draußen-Klamotten-Kiste und eine Spielzeug-Kiste, die wir in den Kofferraum packen. Schaffen wir es, dieses System während der Ferien beizubehalten, ersparen wir uns nach dem Urlaub zeitaufwendiges Aussortieren.

Unkompliziert läuft bei uns auch das Anziehen. Ich habe mir abgewöhnt, morgens mit Mia zu diskutieren, welche Farben und Kombinationen besonders gut zur Prinzessinnenstimmung passen. Weil Mia überzeugt davon ist, dass Prinzessinnen keine Jacken tragen, zieht sie keine Jacken an. Ohne Jacke in den Garten im Oktober? Im Sommerkleid mit kurzen Ärmeln auf den Spielplatz im April? Ja, wenn meine Nerven dadurch geschont werden, lasse ich sie machen und versuche, mich gar nicht erst mit zu vielen strikten Erziehungskonzepten verrückt zu machen. Einhalten kann ich sie ohnehin nicht alle. Spätestens wenn Mia friert, wird sie sich umziehen. Prinzessinnen haben glücklicherweise auch keine Rotznasen. Und nur einmal in der Woche, wenn alle Kita-Kinder in den Wald gehen, setze ich eine widerstandsfähige Hose durch. Ansonsten darf Mia standesgemäße Kleider tragen.

Meine Freundinnen fragen mich oft, wie ich mit dem Waschen überhaupt hinterherkomme bei vier kleinen Kindern. Erstens wäscht mein Mann. Zweitens wenden wir das Kistensystem auch für die Wäsche an: Es gibt eine Kiste für Bunt, eine für Weiß, eine für sechzig Grad und eine für Feinwäsche und natürlich die Kiste für Klamotten, die noch mal getragen werden können. In zwei, drei Jahren, wenn die Drillinge größer sind, wird mein Mann die Kleidungsstücke der Familie aus dem Trockner nehmen, auf dem Bett verteilen und den Kindern sagen: »Sucht euch raus, was euch gehört, und sortiert es selber in eure Schränke!«

Beim Essen habe ich meine Ansprüche auch heruntergefahren. Für Mia war ich das Restaurant, Bio und mindestens vier Sterne. Schmeckte ihr der Nudelauflauf nicht, gab es die Nudeln eben mit Tomatensoße. War die Soße zu rot, versuchte ich es mit Butternudeln. Nur selten aß sie ohne kritischen Blick auf den Teller. Ich dachte: Verdammt, so schlecht und vor allem so ungewöhnlich ist mein Essen doch gar nicht! Seit die Drillinge da sind, frage ich nicht mehr nach Präferenzen, sondern entscheide, was aufgetischt wird. Oft ist es für Kinder ja auch entlastend, Entscheidungen abgenommen zu bekommen.

Zeitsparend ist das amerikanische Fingerfood-Modell. Ich püriere den Kleinen mittags den Brei, lege ihnen aber in Brühe gekochtes Gemüse dazu. Mal eine

Karotte und mal eine Süßkartoffel, die sie sich selbst in den Mund stopfen. So trainieren sie ihre Motorik und ich muss nicht drei Kinder gleichzeitig füttern.

Das Schlafprogramm haben wir auch vereinfacht. Mia schlief das erste Jahr über bei mir im Beistellbettchen. Jede kleinste Regung, jedes Grunzen und Strampeln bekam ich hautnah mit und wachte mehrfach auf während der Nächte. Tagsüber war ich dann hundemüde. Heute ist unser Abendritual liebevoll, aber schlicht und einfach: Mein Mann und ich legen die Drillinge in ihre Schlafsäcke, stellen die Spieluhren an, verteilen Küsschen, drücken und schmusen und dann ist Ruhe. Da sind wir konsequent. Kein Kind wird in den Schlaf geschuckelt und keines wieder hochgenommen und rumgetragen. Sie wissen, dass wir keine Ausnahmen machen, nur weil sie lieber spielen würden als zu schlafen. Merken wir an der Tonart des Gejammers, dass es einem Kind nicht gut geht und Bauchweh oder Durst die Ursache für das Geschrei sein könnten, sind wir sofort da und kümmern uns. Aber das kommt selten vor.

Die Schnullerfrage sehe ich auch pragmatisch. Wer einen möchte, bekommt einen. Da ist es mir egal, ob die Oma oder die Hebamme den Daumen besser findet. Schnappen sie sich die Schnullis gegenseitig weg und tauschen sie aus, schmeißen wir sie auch nicht sofort in den Dampfsterilisator, sondern machen uns erst mal locker.

Gestillt habe ich wie die meisten Mütter, aber nur solange unsere Drillinge auf der Neonatologie im Kinderkrankenhaus lagen. Zu Hause brauchte ich Unterstützung von meinem Mann und stellte deshalb auf Fläschchen um. Hätten stillfreudige Freundinnen deshalb gemeckert, es wäre mir egal gewesen. Jede Mutter muss selbst entscheiden, wo sie ihre Kraft lässt. Mich stresst der aggressive Ton vieler Eltern, wenn es ums Stillen oder Impfen geht. Man kommt sich schnell vor, als wäre man im Wahlkampf für verschiedene Parteien aktiv. Ich plädiere dafür, dass keiner dem anderen reinredet.

Streiten meine Kinder um ihre Autos, Puppen und Bauklötze, versuche ich mich möglichst rauszuhalten. Nur gehauen und gebissen wird bei uns nicht, da bin ich strikt und verordne Zwangspausen voneinander.

Wollen alle gleichzeitig auf meinen Schoß, komme ich an meine Grenzen. Manche Bedürfnisse lassen sich einfach nicht perfekt erfüllen. Einer von vieren muss oft warten und damit klarkommen. In solchen Momenten bleibt mir nur die Hoffnung, dass sie spüren, wie sehr ich sie liebe und dass sie von Jahr zu Jahr mehr verstehen.

Drei Sätze für die Tonne

Sätze für die Tonne.

× Braucht dein Kind immer noch einen Schnuller?

× Je detaillierter die Erklärung, desto zufriedener das Kind!

× Ausnahmen verwirren und sind immer kontraproduktiv!

* Das Spielzimmer quillt über und Ihre Kinder wissen trotzdem nicht, was sie mit sich anfangen sollen? Räumen Sie alle paar Monate eine Kiste mit Spielzeug in den Keller. Sind Eisenbahn oder Ritterburg längst vergessen, ist die Überraschung perfekt: »Schaut mal, wie wäre es denn damit?« Boxen aus waschbarer Baumwolle findet man bei www.lepetitbeurre.de.

* Zähneputzen ist ein Drama in drei Akten? Dann testen Sie mal »Kiddy Wash«, das witzige Plastikwaschbecken samt Spiegel, das man in Kinderhöhe an die Badewanne hängen kann. Kostet 14,99 Euro. www.rotho-babydesign.com.

* Sie wollen unbedingt stillen, aber es klappt partout nicht und Ihre Hebamme schwört, dass bloß die Lage des Babys nicht optimal entspannt ist? Könnte falsch sein. Viele Babys haben ein zu kurzes Zungenbändchen. Dann können sie die Brustwarze der Mama nicht richtig umfassen und das tut höllisch weh. Auch Milchstau und Brustentzündungen machen das Stillen schon mal unerträglich. Manchmal hilft ein Stillhütchen und manchmal nur das Fläschchen. Und das ist dann auch völlig okay.

Und Schluss!
Mut zur Lücke ...
beim Entspannen

Ich muss mich entspannen. Sofort! Ich liege im Bett, Mann und Kind schlafen. Mein Körper soll zur Ruhe kommen, das Bett ist meine optimale Aufladestation. Wer gestresst ist, sollte extra viel schlafen, das weiß jeder. Weil sich Durchschlafen und Kinderhaben gegenseitig ausschließen, muss zumindest der Einschlafprozess reibungslos funktionieren.

Schaffe ich es jetzt nicht sofort einzuschlafen, wird der nächste Tag zur Katastrophe. Das Szenario, das mich erwartet: Frühstück machen, Kind wegbringen, Schreibtischarbeit, Interviews, Honorarverhandlungen, Zahnarzttermin, nach Hause düsen, noch schnell einkaufen, Notfallessen kochen, Kind abholen, arbeiten und Kind beaufsichtigen, gleichzeitig Abendessen vorbereiten, Kind ins Bett bringen, Schreibtischarbeit, Schlussakkord. Grauenhaft! Ich starre an die Decke. Ich bin hellwach.

Was, wenn die Zahnarztpraxis morgen voll ist und ich warten muss? Was, wenn mein Kind nicht leise spielen will, während ich arbeite? Was, wenn ich es nicht schaffe, meinen Text rechtzeitig abzugeben? Was, wenn ich nicht sofort einschlafe? Ich muss jetzt schlafen! Der Wecker tickt. Aber ich höre noch etwas anderes. In meinem Ohr. Ein leises Piepen. Es wird lauter. Hilfe! Was ist das denn nun wieder? Ein Hörsturz? Mein Herz beginnt zu rasen. Die Uhrzeit, das Piepen, die Termine am nächsten Tag. Schweißgebadet sitze ich im Bett. An Entspannung ist nicht mehr zu denken. Was nun?

Am nächsten Tag rufe ich eine Freundin an. Und die schickt mich zu Isis Christensen, Trauma-Therapeutin und Entspannungstrainerin in Hamburg. Ein paar Tage später sitze ich bei ihr in der Praxis und übe, wie man locker lässt, wenn einen der Leistungs- und Lebensdruck aufzufressen droht. Weil ich so viel quassle, schüttelt sie den Kopf. Nein, nicht alle potenziellen und realen Probleme bis ins kleinste Detail erklären und sich so jede Sorge wieder plastisch ins Bewusstsein rufen. »Sie wollen den Stress doch nicht wieder und wieder durchleben, oder?« Auf keinen Fall, das bringt ja neues Herzrasen. Also Schluss damit! »Jetzt zählt erst mal nur der Moment«, bestimmt Isis Christensen. »Wie fühlt sich Ihr Körper an?« Ich spüre Stress, Unruhe. »Ich muss mich unbedingt entspannen, ich muss lernen, wie ich mich ganz schnell entspanne«, erkläre ich. Frau Christensen atmet tief ein und tief aus. In aller Ruhe. Dann sagt sie: »Wissen Sie, wann immer das Wort ›muss‹ in einem Satz auftaucht, ist keine Entspannung da. Entspannen ist nichts, was man muss. Entspannung entsteht durch Impulse der Freude und Spontaneität, entsteht dann, wenn sich das Leben leicht anfühlt.« Aber wann fühlt sich das Leben einer berufstätigen Mutter schon mal so richtig leicht an? Wenn das Baby zum ersten Mal durchschläft vielleicht. Wenn der Kindergeburtstag richtig schön war oder während eines Sommerspaziergangs durch grünrote Erdbeerfelder. Aber das sind so kurze Augenblicke, quasi Entspannung short. »Ja, Entspannung kann kurz empfunden werden und sie kommt dann, wenn wir gerade nichts Dringendes von uns selbst verlangen. Erwartungen führen eher zu Verspannungen.« Das verstehe ich. Mein Wunsch, sofort einschlafen zu wollen, ist ja auch so eine verkappte Erwartung.

Aber was nun? Wie kann ich abends selbst dazu beitragen, zur Ruhe zu kommen? »Zuerst können Sie ganz bewusst ausatmen und dabei auf Ihren Atem hören. Mehr nicht. Atmen Sie doch einfach einige Male aus. Und dann lassen Sie den rechten Fuß kreisen und dann den linken. Und dann das rechte Handgelenk und das linke. Kreisen lassen und spüren, wie sich das Kreisen anfühlt. Langsam. Und dann den Nacken bewegen, den Kopf von rechts nach links drehen und von links nach rechts. Mal die Arme nach vorne ausstrecken und wieder seitlich hängen lassen.« Das klingt echt einfach und spart mir den Weg zum Küchenschrank, in dem mein Lieblingsschlaftee für Notfall-Abende bereitsteht, denke ich. »Lockern Sie Ihre Gelenke und über die Gelenke das Nervensystem und über das Nervensystem Ihren aufgeregten Geist«, sagt die Entspannungsexpertin und erklärt mir noch, dass wir berufstätigen Mütter daran gewöhnt sind, immer volle Kraft voraus zu fahren. So nach dem Motto »think big«, also kolossale Maximalaktivierung im Sprint und das den ganzen Tag lang. Über Wochen. Manchmal Jahre. Wollen wir uns aber entspannen, nutzt uns Schnellsein leider nichts.

»Unser Körper verlangt nach einem langsameren Takt, als unser Alltag uns vorgibt. Die Diskrepanz zwischen dem, was wir täglich liefern müssen, und dem, was unserem Körper und unserer Seele wirklich guttut, macht sich als Stressgefühl bemerkbar.« Wir denken: Weil wir unser Leben ständig im Hochleistungsmodus organisieren, soll gefälligst Entspannung eintreten, wenn wir sie brauchen und zwar intensiv. Aber das klappt nicht.

Auch die Superlative wie zum Beispiel perfekt organisierte Urlaubsreisen, teure Pilateskurse, tägliches Joggen bringen oft nicht die erhoffte Entspannung. Selbst wenn wir ohne Kind für eine kostbare Woche zur Ayurvedakur nach Thailand fliegen, kommen wir schon fix und fertig vom langen Flug im fremden Hotelzimmer an und brauchen noch mal zwei Tage, um uns an den fremden Geruch der Bettwäsche, das Klima und die unfassbare Freiheit zu gewöhnen. Nehmen wir die Familie dagegen mit auf Tour und buchen das kinderfreundliche Hotel an der Nordsee, wollen wir möglichst viele Angebote mitmachen vom Gerätetraining bis zum Kinderyoga, vom Spielen am Strand bis zum Schwimmkurs im Hotelpool. Dann fragen wir uns nach der Hälfte des Urlaubs gestresst: Sind wir schon gut erholt? Ist es das beste Hotel? Gibt es genug Anwendungen für uns und vor allem die richtigen? War schließlich teuer, der Spaß!

Auch beim Erholen sind wir Mütter auf Optimierung gepolt. Es muss perfekt sein. Für uns, für die Kinder, die Beziehung. So wird Ausspannen zu einer harten Nuss. Aber weil wir eben ständig am Limit sind, den ganzen Tag über anziehen, ausziehen, füttern, baden, schimpfen, wickeln, zuhören, verstehen, trösten, verarzten, weil wir also tagsüber alles geben, wollen wir abends, an den Wochenenden und im Urlaub optimal Kraft tanken.

Isis Christensen kennt die erschöpfenden Ferienberichte von zu hohen Erwartungen und noch höherem Entspannungsdruck aus ihrem Praxisalltag. Sie sagt: »Schon mit der Urlaubswahl kann man etwas Druck rausnehmen, und übrigens muss man gar nicht bis zum Urlaub warten, um sich zu entspannen.«

St. Peter Ording, Thailand, die Malediven oder Kreta können Ruhe und Abstand bringen. Aber manchmal tut es auch die Lüneburger Heide, das alte Bauernhaus von Oma Anni, der Schrebergarten für einen Nachmittag. Es muss gar nicht das ganz große Ding sein. Manchmal braucht es auch nicht zwei Wochen, manchmal helfen auch kleine spontane und unspektakuläre Momente im Alltag.

Sich mit einem Glas Wein auf den winzigen Balkon quetschen. Sich in die Hängematte im Garten fläzen. Am Elbufer mit Eimergrill und Freunden chillen oder an der Isar solo nur mit Buch und Wein. Das Fitnessstudio mit Sauna und Pilateskurs, für das wir nach Feierabend durch die halbe Stadt stressen, ist also manchmal gar nicht nötig. Frau Christensen sagt: »Ein paar tiefe Atemzüge und ein spontaner Spaziergang für sich allein können genauso gut sein, um mal runterkommen.«

Und dann ist da noch dieser ewige Denkfehler: Wenn wir unsere Aufgaben noch schneller erledigen, können wir anschließend mal wirklich gar nichts tun. Aber: Ein Garnichts gibt es nicht für Mütter. Jede Lücke im Alltag wird sofort durch neue Aufgaben gefüllt. Wer besonders fix Wäsche wäscht, Mails schreibt und den Arzttermin noch in den Vormittag quetscht, schafft sich Freiraum für – den Kuchen, über den sich die kranke Nachbarin freut oder den Gefrierschrank, der unbedingt abgetaut werden muss. Ach ja, und der Flur könnte mal wieder einen neuen Anstrich brauchen und die Gartenmöbel neue Kissen. Irgendwas geht immer. Deshalb braucht es ab und an einen Tritt auf die Bremse, eine innere Stimme, die Ja sagt zum Trödeln. Trödeln ist nämlich super wichtig. »Einfach mal eine Tätigkeit etwas langsamer angehen, den Cappuccino in Ruhe zubereiten und die Balkonpflanzen umtopfen ohne den Blick auf die Uhr«, rät Isis Christensen. »Ihr Kind wird es Ihnen danken, denn eine in sich ruhende Mutter ist besser als eine Mama, die in zwei Minuten das Federmäppchen einräumen und die Autoschlange zu einem ordentlichen Haufen zusammenschieben kann.«

Nach siebzehn Kapiteln »Mut zur Lücke« wissen wir außerdem, dass weniger manchmal mehr ist. Dass wir uns zwischendurch erlauben dürfen, im kleinen Stil zu denken. Dass es erholsamer sein kann, in der Abendsonne noch eine Runde Unkraut im Garten zu rupfen oder eine halbe Stunde mit einer Freundin Marmelade zu kochen, als zur Massage zu stressen.

Alles hat seine Zeit und notfalls, wenn der Stress doch wieder hochkocht, darf man auch mal einen geplanten Besuch verschieben. Gerade wir Eltern haben doch das allergrößte Verständnis dafür, wenn sich eine Mutter mal bewusst gegen Freizeitprogramm und für die kurze Atempause auf dem Sofa entscheidet. Langweilig? Vielleicht! Aber ehrlich. Weniger machen, langsamer werden, sich selbst ab und zu ausgiebig loben! Dann wird das schon, ganz sicher.

Ach, und übrigens, das mit dem Einschlafen klappt bei mir inzwischen schon besser. Nicht perfekt, aber das erwartet ja zum Glück auch keiner. Ich auch nicht.

Drei Sätze für die Tonne

× Heute schaffe ich viel weg, dann ist morgen mal gar nichts!

× Ich muss mich unbedingt im Fitnessstudio anmelden!

× Im Fünf-Sterne-Spa hätten wir uns bestimmt noch besser erholt!

* Relaxen ohne Lang-
streckenflug: Netz-
und Tuchhänge-
matten für das
Wohnzimmer,
den Balkon oder den
Garten in allen Formen und Farben, mit romantischer Borte und ohne, in Miniaturversion für das
Baby und als Familienmodell, gibt es online unter
www.haengematte.de

* Relaxen mit Langstreckenflug: Wartet Ihre Entspannung in einem Hotel oder Ferienhaus weit
weg von zu Hause? Dann lohnt sich als Investition
in den guten alten Energiehaushalt, mindestens
einen Tag vor Abflug den Schreibtisch zu räumen.
Sonst nimmt man den geballten inneren Stress
gleich mit auf die Reise. Und so kann man in Ruhe
den Koffer packen.

* Relaxen als Liebespaar: Schon im Januar festlegen,
an welchem Wochenende die Oma/Patentante/
Babysitterin einhütet und einen Städtetrip ohne
Kinder planen. Ist Mailand zu teuer, tut es auch
Leipzig. Hauptsache zu zweit. Und Hauptsache, Sie
tun es wirklich.

Mein Dank geht mit Blümchen an ...

... Nils und Ole, meine wundervollen und lauten Männer, meine engsten Verbündeten, meine kostbare Familie, die mich während der hochkreativen Buchentstehungsphasen zum Abendspaziergang nach draußen schickten. »Düs los, entspann dich, wir kommen hier klar!«

... Inken, Stephi, Miri, Lisa und Andy, Meike und Julia für batterieaufladendes Kaffeetrinken, Ole-Sitting, Ferrero-Nuss-Schokoladentafeln, Experten-Tipps, Durchhalteparolen und ihre Freundschaft.

... meine liebste und besondere Silke mit einem ganz warmen Gefühl der Verbundenheit für zwei wunderschöne Tage im August, viele inspirierende und kluge Gedanken und ihr Verständnis in sämtlichen Lebenslagen.

... meine Facebook-Freunde, die immer mitgedacht haben, wenn mein Gehirn komplett leergebraint war, die geliked, geteilt und kommentiert haben, wenn ich noch Menschen suchte, die unbedingt in dieses Buch gehören.

… Billie Foos, meine formidable Lektorin, die mich mit witzigen Mails und hemmungsloser Gestaltungsfreiheit sehr unterstützt hat.

… mich selbst, weil ich die richtigen Prioritäten gesetzt habe. Mein pinker Nagellack perlte ab, im Kühlschrank standen nur noch Joghurts, die saubere Wäsche blieb über Nacht in der Maschine, unter meinem Schreibtisch wohnte eine Spinne und mein Sohn ging den fünften Tag in Folge in derselben Jogginghose zur Schule. Aber ich wollte dieses Buch schreiben und ich habe dieses Buch geschrieben. Yeah!

Die Autorin

Silia Wiebe, geboren 1977, ist freie Journalistin. Sie schreibt unter anderem für BRIGITTE, ELTERN und Chrismon und unterrichtet an der Akademie für Publizistik in Hamburg. Sie ist Mutter eines siebenjährigen Sohnes, verheiratet mit einem Kinderarzt und hat sich nach einigen multitaskingbedingten Stressattacken geschworen, die Mutti-Olympiade künftig zu ignorieren, keine Piratenbootgeburtstagstorten mehr zu backen, das Seepferdchen auch gut zu finden, wenn es erst mit siebeneinhalb erschwommen wird, und PEKiP, musikalische Früherziehung und weizenfreie Ernährung den wahren Perfektionsköniginnen zu überlassen. Seitdem ist ihr Leben entspannter. Viel entspannter.